本书系江苏高校网络思政名师工作室阶段性成果

GAOXIAO
FUDAOYUAN
DE
CHENGZHANGGUAN

高校辅导员的成长观

胡渠 / 著

图书在版编目(CIP)数据

高校辅导员的成长观／胡渠著. —苏州：苏州大学出版社，2024.5
ISBN 978‐7‐5672‐4802‐1

Ⅰ.①高… Ⅱ.①胡… Ⅲ.①高等学校－辅导员－工作－研究 Ⅳ.①G645.1

中国国家版本馆 CIP 数据核字(2024)第 096010 号

书　　名：高校辅导员的成长观

著　　者：胡　渠
责任编辑：王　亮
助理编辑：谢　刚
装帧设计：刘　俊

出版发行：苏州大学出版社(Soochow University Press)
社　　址：苏州市十梓街 1 号　邮编：215006
印　　装：镇江文苑制版印刷有限责任公司
网　　址：www.sudapress.com
邮　　箱：sdcbs@suda.edu.cn
邮购热线：0512-67480030
销售热线：0512-67481020

开　　本：700 mm×1 000 mm　1/16　印张：8.25　字数：149 千
版　　次：2024 年 5 月第 1 版
印　　次：2024 年 5 月第 1 次印刷
书　　号：ISBN 978-7-5672-4802-1
定　　价：39.00 元

凡购本社图书发现印装错误，请与本社联系调换。服务热线：0512-67481020

序 言

作为一份职业,高校辅导员的岗位是平凡的;作为一份事业,高校辅导员的工作是光荣的。

在专业化和职业化的道路上,高校辅导员如何成长是一个值得探讨的话题。

高校辅导员不仅要思考学生,更要思考自己;高校辅导员不仅要思考创新,更要思考自身发展;高校辅导员不仅要思考成绩,更要思考自身成长。

何其有幸,高校辅导员是学生青春的陪伴者,见证学生人生中最美好的年华。辅导员一路被青春陪伴,与学生共同成长、双向奔赴。

何其有幸,高校辅导员是学生成长的领航者,为学生的发展指点迷津、导航定向。辅导员与学生同行在成长的道路上,同频共振、相互赋能。

对高校辅导员个体来说,其职责就是在岗位上认认真真工作、踏踏实实做事,真正地走近学生、了解学生,解决学生的实际困难和思想困惑,成为学生健康成长的陪伴者和全面发展的指导者。在陪伴学生和指导学生的过程中,辅导员的职业成长是工作的内在要求,更是自我的主动追求。辅导员只有不断夯实理论基础,强化理论学习,开拓工作视野,创新工作思路,打开工作格局,提高育人本领,增强综合能力,才能真正与青春为伴、与学生同行,始终在职业成长的道路上稳步前行。高校辅导员的职业成长之路,就是实现专业化和职业化的发展之路。只有走好这条发展之路,才能更好地落实立德树人的根本任务，做好协同育人的大文章。专业化指向高校辅导员的工作能力和水平，职业化指向高校辅导员的工作素养和作风。问题在于，高校辅导员的职业成长该如何体现专业化和职业化？

高校辅导员的职业成长是一个整体的系统工程，涉及成长的政策、环境、机遇、平台、资源、态度、方法等各个方面，需要确定成长方向并对成长路径进行有效的规划和科学的设计。结合高校辅导员工作经历，笔者认为高校辅导员的职业成长要树立正确的专业观、发展观、时空观、团队观、平台观、家校观、网络观和幸福观等。在专业观中，辅导员要认识到多元专业背景是融入思想政治教育工作的创新点，也是职业发展的突破点；在发展观中，辅导员要认识到找寻职业发展方向的重要性，努力打造职业发展的特色品牌；在时空观和网络观中，辅导员要认识到在互联网时代必须树立学术理念和网络意识，遵循网络思想政治教育工作的规律，积极推进网络文化建设；在团队观和平台观中，辅导员要认识到团队合作的必要性，融入团队建设，强化团队合作，充分利用好各类平台资源；在家校观中，辅导员要认识到家校合作的重要性，家庭教育和学校教育有着极为广阔的合作空间；在幸福观中，辅导员要认识到幸福是育人，更是育己，只有在成长中的幸福才是持久、永恒的幸福。

高校辅导员的成长永远在路上！让我们共同努力！

是为序。

胡　渠

2024 年 3 月

目 录

辅导员的专业观 …………………………………………（ 1 ）

辅导员的发展观 …………………………………………（ 15 ）

辅导员的时空观 …………………………………………（ 40 ）

辅导员的团队观 …………………………………………（ 48 ）

辅导员的平台观 …………………………………………（ 58 ）

辅导员的家校观 …………………………………………（ 71 ）

辅导员的网络观 …………………………………………（102）

辅导员的幸福观 …………………………………………（120）

后 记 ……………………………………………………（123）

辅导员的专业观

（一）辩证看待多元专业背景

在辅导员职业化的道路上，职业和专业的关系是一个常说常新的话题。也许没有一个职业像辅导员一样，会在职业和专业的话题上引起这么多的争议和思考。

职业和专业并不是完全对等的关系。有的职业对从业者专业的要求并不高，甚至没有要求，是任何专业背景的人都可以从事的职业，如快递员、外卖员等，没有严格的专业限制。有的职业对从业者专业的要求比较严格，没有系统的专业知识，没有经过专业训练，就不具备从事该职业的准入资格，如教师、医生和律师等，都有相应的职业资质和职业标准。从业者都要考取全国通用的职业资格证书，才能够获得从事该职业的相关资格。在人力资源和社会保障部颁布的职业目录中，并没有辅导员这份职业。所以，从现实角度讲，辅导员并不是一个职业术语，也就不存在辅导员的职业资质和职业标准。在《中华人民共和国职业分类大典》（2022年版）中，普通高等学校教师和高等职业学校教师作为两种职业，其工作任务中有同样的表述："开展学生思想政治工作、职业指导工作，担任班主任或政治辅导员。"可见，辅导员是作为一份工作任务出现在教师职业中的，这就明确了辅导员的教师身份，且说明了辅导员不是独立的职业。换句话说，辅导员这份职业没有严格意义上的入职门槛，没有规范的职业标准来进行测评和衡量。

高校辅导员的成长观

　　从这个角度思考辅导员的职业成长，就会发现职业和专业的矛盾是影响辅导员职业发展的重要因素。按照2014年颁布的《高等学校辅导员职业能力标准（暂行）》（以下简称《能力标准》），初级阶段、中级阶段、高级阶段的辅导员工作内容和能力标准，对不同专业背景的辅导员的要求都是一样的。辅导员职业能力标准是统一的，那么不同专业背景的辅导员面对同样的能力要求和工作标准，就会体现出辅导员工作的矛盾。如何看待这个矛盾，或者说如何在职业成长的过程中合理化解这个矛盾，是高校辅导员必须要思考的。只有化解了职业和专业的矛盾，避免职业和专业脱节，辅导员的职业化才能更加顺畅、更有活力、更有成效。

　　辅导员这份职业是面向所有专业的人员开放的。在现有的辅导员队伍中，专业背景是多元的，既有文科、理科专业，也有工科、医科等专业。从辅导员的招聘条件可以看到，这份职业的确没有严格的专业限制，高校辅导员队伍的专业结构也能够说明这个问题。可以这么说，之所以辅导员专业背景多元化的现状能够存在，就是因为大家普遍认为，专业并不是辅导员的入门标准。如果认真学习《能力标准》对辅导员职业知识的要求，就会发现该标准把辅导员的职业知识分为三类：第一类是基础知识，包括马克思主义理论、哲学、政治学、教育学、社会学、心理学、管理学、伦理学、法学等学科的基本原理和基础知识；第二类是专业知识，包括思想政治教育专业基本理论、基本知识、基本方法，马克思主义中国化相关理论及知识，大学生思想政治教育工作实务相关知识；第三类是法律法规知识。如果仅仅就专业知识来说，辅导员工作对从业者的专业背景具有非常强的倾向性，那就是思想政治教育、马克思主义中国化等相关专业。当然，也有人认为，对辅导员工作专业知识的规定，并没有要求辅导员一定要毕业于思想政治教育专业或者马克思主义中国化等专业，其他专业背景的辅导员通过学习也可以掌握这些专业知识。但是，经过四年本科甚至三年研究生阶段系统的专业知识学习和思维训练的辅导员，和只是通过专题培训、主题讲座等方式掌握思想政治教育专业相关知识的辅导员相比，在理论功底、逻辑思维、语言表达等方面

辅导员的专业观

必然体现出一定的优势。既然辅导员职业的专业背景是多元的，我们就要在接受这个现实的基础上讨论如何开展辅导员职业化之路。

很多人认为专业背景并不影响辅导员的工作质量，这基本上是从日常事务的角度来理解的。确实如此，对于任何专业背景的辅导员来说，做好日常思想政治教育工作和处理繁杂琐碎的学生事务，专业的差别并不会导致工作的优劣。或者换句话说，辅导员这份职业没有设置专业门槛，主要是针对辅导员所要完成的日常事务工作。对于日常事务工作，辅导员需要用爱心关怀、热心交流、细心观察、耐心陪伴、恒心坚持。只要具备强烈的责任心和事业心，舍得投入精力和时间，耐得住繁杂，忍得住琐碎，就可以完成日常事务工作的基本任务。处理日常事务工作并不难，难的是在繁杂和琐碎中依然微笑面对。所以，对于初级阶段的辅导员来说，专业的优势并不是很明显，也不会感觉到专业的差异对辅导员工作的影响。但是对于中级阶段和高级阶段的辅导员来说，随着职业能力标准的提高和理论研究的深入，尤其是在做好大学生思想引导和价值引领方面，专业的差异就体现得非常明显。当然，非思想政治教育专业出身的辅导员如何结合专业开展辅导员工作，是另外需要探讨的问题，而且是值得深入探索的问题。

大家曾热烈讨论过这样一个话题：在高校学生工作中，思政专业出身的辅导员不一定能干好思政工作。思政专业出身的辅导员做得不比其他专业出身的辅导员更优秀，这方面有很多现实的案例。导致这个结果的因素有很多，如政策导向、工作氛围、人际关系等，如个人的努力程度、教育情怀、道德修养等。即便是思政专业出身的辅导员，如果对待工作马马虎虎、对待学生冷冷冰冰、对待矛盾模模糊糊，这样的人在任何工作岗位上都是做不好的。所以，思政专业出身的辅导员不一定能干好思政工作，这只是问题的一个方面。问题的另一个方面是：不学思政一定干不好思政工作。只讲前一点，看不到后一点，是片面的，违反了辩证法。这个问题的实质是思想政治工作理论和实践相结合的重大命题，非常具有现实意义。

有一个很有意思的现象：很多优秀的辅导员，在取得一定的成绩后都会选择继续攻读思想政治教育专业的硕士或博士学位。如果说思政专业出身的辅导员不一定能干好思政工作，那这些优秀的辅导员为什么在思政工作取得优异成绩后，还要去攻读思想政治教育专业的硕士或博士学位呢？这个现象其实就进一步说明了思想政治工作理论和实践的关系。辅导员队伍每年都会涌现出优秀的个体，尤其是辅导员年度人物，让我们看到充满活力的辅导员队伍，看到藏龙卧虎的辅导员团队。很多辅导员在创新校园文化活动、创新学生事务管理、开展学生职业生涯规划、开展心理健康教育等方面做得非常好，可以说把辅导员事务性的工作做得有品质、有品牌、有品位。但是，由于自身的思想政治教育理论功底不扎实，在对学生开展思想引导和价值引领，进行形势与政策教育时，讲不透、说不清、谈不深的辅导员大有人在。思政专业出身的辅导员不一定能干好思政工作，那是没有将理论有效运用到实践中。思政教育不是简单地灌输说教，而是要根据时代特征和学生特点，创新形式和方法，把解决思想问题和解决实际问题相结合，让道理入耳入脑也入心。与思政课教师相比，辅导员的教育之所以会有一定的优势，就在于辅导员与学生的接触频率、交流频率、交往频率都很高，空间距离、心理距离都很近，学生对辅导员的信任程度、接纳程度都很高，遇到问题第一时间想到的就是手机24小时保持开机状态的辅导员。辅导员会第一时间和学生谈心交流，为学生疏导情绪，想尽办法解决学生的实际诉求，及时处理学生遇到的各种问题。亲其师所以信其道，在辅导员和学生的关系上体现得淋漓尽致。

不学思政一定干不好思政工作，这个说法指的是理论较之于实践的基础地位。没有理论指导，实践得不到总结和升华，实践的深化也存在障碍。这是一个真命题、真问题。非思政专业出身的辅导员，对于学生出现的各种事务性问题往往可以解决得很好，但是对于思想性问题，或者说涉及中国特色社会主义的经济建设、政治建设、文化建设、社会建设、生态文明建设等方面的问题时，如果缺乏马克思主义理论的支撑，必然茫然失措。没有这些理论知识，在学生入党的过程中，如何上好党课？如何端正学生入党动机？如何让学生坚定信仰？没有这些理论知识，面对西方普世价值观的喧嚣，如何引导学生正确认识民主？如何评价民主？没有这些理论知识，面对历史虚无主义，如何引导学生正确认识革命历史和革命英雄？如何帮助学生理解中国革命的逻辑？传道者要先信道、学道、懂道。思想政治工作是面向人的工作，本质是做人的思想工作。做思想政治工作不能简单地依赖形式，必须要有深邃的理论做支撑，否则就无法入脑入心。

辅导员工作职业和专业的复杂关系具有一定的阶段性。在初级阶段，专业对辅导员的职业成长影响并不明显，但是在中级阶段和高级阶段，专业对辅导员的职业成长就很重要。一方面是因为在后两个阶段，辅导员工作的要求更高了、难度更大了、标准更严了；另一方面是因为在后两个阶段，辅导员工作会越来越回归到这份工作的本质，那就是思想引导和价值引领。思想靠什么引导？价值靠什么引领？答案是显而易见的。

（二）结合专业打造工作品牌

如何化解辅导员职业和专业的矛盾，还是要回归辅导员职业本身去寻求办法。有些辅导员经常抱怨，每天忙于日常事务，没有时间和精力开展思想引导。从这个角度出发，辅导员职业和专业的矛盾可以理解为日常事务和思想引导的矛盾。

其实，思想引导有很多的方式和方法，辅导员处理学生事务的过程，本身也包含着对学生的思想引导和价值引领，比如辅导员公平、公正、公开地处理学生矛盾，合理倾听学生诉求，尊重学生的意见和建议，在这个过程中辅导员的态度、方式、方法本身就传递着价值观，发挥着思想引导的作用，使学生在潜移默化中得到升华。这就是我们经常讲的，春风化雨，育人无声。当然，建立在做好学生日常事务的基础上的思想引导，需要做进一步的理性思考和实践探索。辅导员从初级阶段发展到中高级阶段的过程中，职业和专业的矛盾逐步显露，这会影响辅导员的职业自信，造成一定程度的职业倦怠，导致辅导员对自身的职业发展无所适从。辅导员在从初级向中高级转型的阶段，要及时提升能力，寻找职业成长的突破点，寻找职业发展的成长点，用专注破解职业和专业的矛盾，用目标明确职业发展的定位，使自身从初级到中级再到高级的转型升级更顺畅、更有力。

对初级阶段的辅导员来说，职业和专业的矛盾表现得并不突出，换句话说，辅导员在初级阶段并不会强烈感受到这种矛盾。按照《能力标准》，辅导员在初级阶段的绝大部分工作都是事务性的，应对事务性工作，并不需要专门的专业知识和特殊要求。诚然，并不是说辅导员在初级阶段不需要做思想引导工作，只是相对而言，辅导员在初级阶段的工作重心是日常事务，思想引导工作隐含在日常事务之中。

熟悉日常事务是辅导员入职后面临的首要任务。所以，辅导员在初级阶段就要俯下身、用心听、用心看，全面了解学生工作，做好具体事务工作，熟悉从入学教育到毕业教育的全过程，掌握召开主题班会、年级大会、班团会议的方式和方法，带领学生开展各种校园文化活动。辅导员要深入宿舍、班级、学生组织中，了解学生的日常表现和综合状况，解决学生学业、生活、人际交往、生涯发展等方面存在的实际问题，尤其是解决大学生普遍存在的生活彷徨、目标迷茫、动力不足、懒惰涣散、沉迷游戏等问题。因此，在初级阶段，辅导员会忙碌于处理学生日常事务，经常熬夜加班，"白"加"黑"，"五"加"二"。白天处理学生事务，晚上指导学生活动，是辅导员在初级阶段工作的常态。在这一阶段，辅导员还处在职业发展的兴奋期，忙碌和疲倦会被对职业的新鲜感和热情遮盖。

辅导员经过3到4年的工作锻炼（医学专业会更长一些），从迎来第一届新生到送走第一届毕业生，基本上就掌握了学生工作的主要内容，可以从容应对并解决学生日常事务。可以说，辅导员在工作中遇到的各种问题，都会在学生从入学到毕业的这个过程中出现。如果说辅导员工作有周期的话，那么从新生入学到毕业离校，就是辅导员工作的一个完整周期。辅导员在这个周期内的工作内容，会以相似的形式反复出现，这是辅导员工作重复性的一种体现。将3年的工作年限作为辅导员初级阶段和中级阶段的划分界限，也是基于辅导员工作周期的考虑。在向中级阶段转型升级的过程中，一部分辅导员会因无法承受繁杂日常事务的压力而选择离岗或调岗，这也是大部分学校规定辅导员的岗位调整必须要工作满3年或4年的原因。这是一个完整的辅导员工作周期，也是一个双向选择的时间节点，是辅导员职业生涯发展中比较重要的关键节点。当然，经过3年的工作实践，选择离开辅导员岗位的人并非因为自身不够优秀，有的是无法适应初级阶段工作的要求和压力，有的是被行政机关部门选中。选择留下来的辅导员必须要思考和回答的问题就是在迈向中级阶段后如何开展工作，如何寻找职业发展的方向，如何定位自身职业发展的目标。

从工作的初级阶段开始，辅导员就需要具备认真的态度和持久的热情，用真心、热心、细心、耐心、责任心对待每一位学生，关心每一位学生，关注每一个细节，让学生感受到教育的温度。辅导员在中级阶段和高级阶段都要保持这种工作状态，可以说这种工作状态应该伴随辅导员工作的全过程。没有这种工作状态，辅导员很难持久地做好工作。当然，这种超负荷的运转，也使得辅导员常常会提前出现职业倦怠。如何在工作状态和职业发展之间寻找突破点，是中级阶段和高级阶段的辅导员面临的挑战。不管处于哪个阶段，辅导员都需要付出更多的爱心和努力，需要牺牲更多的时间和精力，只有具备这种愿意付出、舍得奉献、肯于牺牲的工作态度和理念，辅导员才能把学生工作做得更好。

辅导员在中级阶段和高级阶段需要思考如何用专注破解职业和专业的矛盾，定位职业发展的目标，朝着专业化和职业化的方向稳步前进。经历过初级阶段的工作锻炼，辅导员已经基本可以熟练处理日常事务，即便在中级阶段和高级阶段，日常事务依然是辅导员工作的基础。那么，辅导员在中级阶段和高级阶段工作的进阶性，就体现在处理日常事务的同时对思想引导的思考和探索，这是在这两个阶段辅导员工作的难点所在，更是辅导员工作的创新之处。

辅导员职业和专业的矛盾在中级阶段和高级阶段体现为职业对思想引导的指向性和专业背景多元性之间的不匹配。在这两个阶段，具有思想政治教育专业背景的辅导员会比其他专业出身的辅导员更具有潜在优势，更能够发挥思想引导的作用。但是，这并不意味着其他专业出身的辅导员无法开展思想引导工作。相反，在现实工作中，非思想政治教育专业背景的辅导员经常会在思想引导工作中开辟新的空间领域。这给我们的启示就是，辅导员可以结合自身专业，同时有效结合学生专业，创新性地开展思想政治教育工作。

党的十九大召开以来，各大高校在青年大学生中开展了丰富多彩的学习活动，通过座谈会、交流会、征文比赛、歌唱比赛、演讲比赛、朗诵比赛等传统形式，以及主题推送、微信诵读、线上展示、微视频等新形式，结合线上线下的有效互动，掀起了青年大学生学习贯彻党的十九大精神的高潮。活动的形式要服务于学习的内容，如果只是形式的创新，达不到入脑入心的效果，那么这种学习可能就是"热热闹闹搞形式"。2017年5月，中共江苏省委宣传部、江苏省教育厅和团省委共同主办，新华报业传媒集团承办"马克思主义·青年说"活动，通过朗读马克思主义经典著作，组织开展校园沙龙，让青年大学生以自己的方式表达对马克思主义的理解，以青年人喜欢的方式与马克思进行了一场跨越时空的对话。

在"马克思主义·青年说"活动中，苏州大学音乐学院张雯欣同学的原创音乐《马克思依旧活在我们身边》以独特的方式表达了音乐学子对马克思的理解和纪念，给大家留下了深刻的印象。张雯欣同学用原创音乐的方式纪念马克思，是专业教育和思想教育相结合的有效形式，也是创新开展思想政治教育工作的着力点。如果同学们不认真研读马克思主义著作，不理解马克思的思想，就写不出饱含深情、充满激情、洋溢热情的歌词，这些歌词也就不能达到震撼心灵、启迪人生的效果；同样地，如果同学们的专业知识不扎实，专业基础不牢靠，专业水平不达标，也无法呈现这么优秀的音乐作品。可以说，这个原创的音乐作品，体现了思想政治工作结合专业教育的可能性和必要性，这也是课程思政受到如此重视的原因。

辅导员工作同样要把思想教育和专业教育有机结合，将思想教育融入专业教育，让专业教育在思想教育中体现。苏州大学音乐学院辅导员

辅导员的专业观

于存洋在组织青年大学生学习党的十九大精神的过程中，结合所学专业，用音乐表达的独特方式，指导创作了校园音乐短片《时代青年，伟大梦想》，采用青年学子喜欢的说唱形式，用欢快的歌声点燃青春中国梦，收到了很好的反馈，引发青年大学生和社会公众的广泛关注与传播。在这个过程中，于存洋充分发挥其音乐专业的优势和特长，对同学们的作词、谱曲、演唱进行专业指导，帮助同学们解决难题、突破瓶颈，一遍遍地打磨，一遍遍地修改，让原创音乐完美地呈现在大家面前，使同学们不仅对专业知识有更牢固的掌握，更重要的是对党的创新理论有了更深刻的理解。针对不同的学习主题，于存洋计划和同学们一起创作更多的原创音乐，充分展现音乐学子的青春风采，也充分表达音乐学子的时代担当。比如，于存洋和同学们围绕校园不良网贷，用青年大学生喜闻乐见的音乐形式把道理说透、把危害说清、把办法讲明，这比单纯的开会教育效果更好，给学生们留下的印象更深。在现实的工作中，虽然辅导员定期召开有关校园不良网贷的主题班会，利用班级QQ群、微信群等进行了广泛的案例宣传，但还是有很多同学深陷其中。为什么辅导员会感到工作的无力，就是因为辅导员在做了很多基础性工作以后，还是难以避免各类突发状况的发生，这打击了辅导员工作的自信心，让辅导员产生了对工作的挫败感和无力感。当然，不是说辅导员做了很多基础性工作，就一定不会出现问题。问题的关键在于，辅导员做了大量的基础性工作之后，为什么效果依然不理想。在这个时候，辅导员就要反思教育的形式和方法。

辅导员职业和专业的矛盾并不是不能解决的，把思想教育和专业教育有机结合，是破解两者矛盾的一种办法。至于辅导员如何把自己的专业特长和思想引领进行有效的结合，还需要在实践中不断地探索。辅导员要在总结典型案例的基础上，提炼规律性、普遍性、一般性的特点和做法，提出可推广、可复制、可操作的具体路径，提升工作的职业信心，增强工作的职业能力。

（三）聚焦领域突破发展瓶颈

辅导员对于职业和专业的矛盾，在不同的阶段有着不同的感受。在初级阶段，职业和专业的矛盾往往比较隐蔽，但是辅导员不能因此而放弃思考，思考得越早、规划得越早、谋划得越早，辅导员就能越早在工作中赢得主动权、争得话语权、获得优先权。

辅导员结合自身所学专业开展思想政治教育，用特色创新工作，用亮点打造品牌，在工作中做出专业水准，在专业中升华思想内涵，是辅导员职业和专业完美结合的重要体现。按照这个思路，辅导员可以结合自身的实际情况，着力思考如何把专业优势融入思政工作，打造思政工作的特色和亮点，形成思政工作的品牌。这需要辅导员在工作中不断摸索，注重总结，合理借鉴，大胆创新，勇于追求，做出属于自己的工作特色。除此之外，辅导员破解职业和专业的矛盾的办法就是聚焦领域，寻找到辅导员职业化发展的兴趣点和兴奋点，实现辅导员职业化发展的自我成长。辅导员工作时间越长越久，越会经常感到力不从心。因为辅导员并非万能，并不可以解决任何问题，这个时候辅导员必须要寻找职业发展的突破点，寻找可以实现聚焦的职业领域。

从每年评选产生的全国高校最美辅导员、年度人物和各省最美辅导员、年度人物的事迹中可以发现，优秀辅导员除了做好基础的日常事务工作之外，一定还在某一个方面做得特别突出、特别优秀、特别有影响、特别有亮点，一定还多年在某一个领域精耕细作、不断摸索，一定还在某一个方向上持续地努力、耕耘、创新。辅导员年度人物的先进事迹带给我们的启示和我们对辅导员职业与专业的矛盾的思考是一致的，那就是辅导员的职业成长一定要实现领域聚焦，选择自己喜欢的、擅长的领域，坚定自己选择的方向，持续努力、接续奋斗，最终在辅导员这份职业上收获成长、收获幸福、收获自信。

不论是在高职、高专还是在本科高校工作的辅导员，对徐川老师的名字一定不会陌生。如果说从事辅导员工作还不知道徐川老师的名字，那么这位辅导员可能还没有真正入门。徐川老师现任南京航空航天大学能源与动力学院党委书记、教授、博士生导师，曾任党的十九大、二十大代表。作为辅导员队伍的一分子，其先进事迹受到人民日报、光明日报、新闻联播等主流媒体的广泛报道和宣传，他是辅导员队伍中的先行者和示范者，为辅导员队伍树立了前行的榜样和模范。作为第九届全国高校辅导员年度人物，徐川老师工作的亮点是开展网络思想政治教育，"南航徐川"是他开展网络思想政治教育的重要平台和载体，辐射全国几十万的教师和学生。徐川老师并不是第一个开设微信公众号的辅导员，但他的公众号却是辅导员微信公众号中运营最成功的典范。正如他自己所言，他能一步步走到现在，并不是因为当初选择做辅导员的时候就知道会有今天的结果，并不是因为看到希望才坚持做，而是因为坚持做才看到了希望，才收获了成功。微信公众号"南航徐川"一步步走过来，经历过坎坷，也受到过挫折，但徐老师从来没有放弃。

　　徐川老师的事迹材料在互联网上随处可见，值得从事辅导员工作的同志们认真学习并用心体会，真正感悟徐川老师工作的初心，学习徐川老师创新的精髓，感受徐川老师教育的情怀。还有一点需要说明的是，徐川老师本科读的是英语专业，硕士研究生读的是文学专业，博士研究生读的是马克思主义基本原理专业，一位传奇式的人物，一段传奇式的经历，一种传奇式的跨越。徐川老师的典型案例也说明了我们对辅导员职业和专业的矛盾思考的合理性，他用自己的事迹告诉我们，非思想政治教育专业出身的辅导员如果能够实现领域聚焦，寻找到自身职业发展的兴趣点和成长点，一定能够在工作中做得非常优秀。文学专业能够让辅导员的文字更优美、表达更优雅、思路更清晰、逻辑更严谨，英语专业能够让辅导员的思维更活跃、思考更多元、思想更深刻，徐川老师向我们展现了多元化专业背景辅导员的优势所在，向我们展示了如何立足专业发挥特长，在思政工作中开辟新的天地。所以，专业优势可以在思想政治工作中进行有效转化，徐川老师就是典型的榜样，这既是徐川老师深受大家喜欢和尊敬的原因，也是徐川老师的文章受到很多人喜欢的原因。

徐川老师的典型案例同样告诉我们，辅导员的职业指向和本质要求就是思想引导，这种引导是开展高校意识形态工作的必然要求，也是辅导员思想引导和价值引领职业功能的应有之义。这也是很多优秀辅导员最后选择攻读思想政治教育专业博士学位的原因。随着从初级阶段到高级阶段的转变，辅导员对日常事务逐步了解和熟悉，就会发现掌握思想政治教育理论的迫切性，没有对这种理论的深刻理解和全面掌握，辅导员就无法实现职业能力的转型升级，工作就做不深、做不透、做不远、做不长。每年都有新入职的年轻辅导员，他们充满热情和活力，充满激情和动力，思维开放、个性鲜明、独立灵活，在处理学生日常事务和开展校园文化活动中，时常比资深辅导员更具有创新想法，更能够受到学生的欢迎和喜欢。在这个时候，资深辅导员能做什么？如何与年轻辅导员共同工作？如何给年轻辅导员做出榜样和示范？办法只有一个，就是聚焦领域。

辅导员如何实现领域聚焦？聚焦到哪些领域？当明确解决思路后，剩下的问题就是如何做。通过认真学习《能力标准》等文件，可以发现辅导员工作聚焦的领域范围。我们说的聚焦，也就是前面讲的专注，是在做好日常事务的基础上，思考自己专业化和职业化的努力方向，聚焦的领域应该是自己擅长的、乐于研究的、愿意持续关注的职业领域。

按照《能力标准》，中高级阶段辅导员在思想政治教育工作某一领域要有深入的研究和具备有一定影响力的成果，成为该领域的专家。辅导员聚焦的领域包括九大方面：思想政治教育、党团和班级建设、学业指导、日常事务管理、心理健康教育与咨询、网络思想政治教育、危机事件应对、职业规划与就业指导、理论和实践研究。中高级阶段辅导员的工作应该是点与面的结合，在做好面上日常事务的同时，更多地聚焦点上的研究，把兴趣点、研究点、契入点逐步放大、深入，产生有影响力的成果。

这里也涉及对初级、中级、高级阶段辅导员工作的合理分配问题。如果辅导员在初级、中级到高级阶段的工作划分是点面结合，那么初级阶段辅导员要多承担一些日常事务，而高级阶段辅导员可以相对适当减少日常事务。只有这样高级阶段辅导员才有精力、时间、资源去思考聚焦点的突破，才能够深入聚焦点的研究，这是辅导员职业成长的规律。否则，高级阶段辅导员依然和初级阶段辅导员一样做着大量的日常事务性工作，没有时间读书、学习、搞研究，没有时间开展团队建设，面对工作的重复性、反复性、常规性，高级阶段辅导员不可能实现领域的真正聚焦。

同样，对辅导员的考核也要按照分类分层的原则进行。对初级阶段辅导员的考核可侧重日常事务、特色做法和创新亮点，主要是考查工作的实际效果；对中高级阶段辅导员的考核可侧重工作的理论研究、特色方向和聚焦领域，主要是考查个人理论研究成果和育人成效。考核是一种引导，通过考核可以让初级阶段辅导员知道未来努力的方向，让中高级阶段辅导员增强未来发展的动力。对不同阶段的辅导员进行同质化的考核，体现不出对辅导员职业的有效引导，初级、中级、高级阶段的划分就没有实质意义。

辅导员如何聚焦工作领域，这个问题要根据个人的专业背景、学科结构、兴趣特长、爱好特色等进行综合分析，比如心理学专业的辅导员，更容易走向心理健康教育的领域，成为学生咨询和心理辅导的专家；管理专业的辅导员，更容易走向日常事务管理和职业规划的领域，成为管理专家和规划专家。辅导员的领域聚焦具有多种可能性，关键是要结合自身做好规划、提前谋划、长远策划。

领域聚焦的理念要在辅导员的工作实践中不断明确和强化。辅导员工作具有理论和实践相结合的典型特征，既要知晓思想政治教育、心理学、管理学等相关理论，掌握马克思主义的基本原理，又要能够解决学生实际问题，指导学生实践发展。所以，辅导员的领域聚焦要在实践中不断探寻和摸索。例如在"危机事件应对"领域，工作之初，很多辅导员面对突发事件会惊慌失措，不知道该做什么。危机干预的步骤、方法在突发状况面前都是一纸文字。面对家长的不理解、愤怒、暴躁，甚至个别极端行为，辅导员也常常感到无助。但辅导员都是在一次次应对危机事件的过程中，得到锻炼、得到成长，处理问题更加老练、更加稳重，成为危机的干预专家、谈判专家。

辅导员工作的领域聚焦要边做边想，在做中思考，在实践中检验，随时通过实践改变自己的想法或者强化自己的观念。最主要的是做好以下三点工作。一是思考。辅导员在工作中要始终把领域聚焦作为一件大事来思考，保持思考的习惯，不管是处在初级阶段还是中高级阶段，都要善于思考、敢于思考，想想自己的未来在哪里，想想将来的自己能够做什么，把聚焦作为工作任务来思考，这样才能够始终保持对职业的敏感，最后的聚焦就水到渠成了。二是学习。任何领域都需要深入学习、深入思考，浅尝辄止无法实现聚焦。辅导员应时刻关注领域的前沿动态，积极参加相关教育培训，不断激发学习的主动性和自觉性，在持续学习中发掘兴趣点。三是实践。辅导员要做行走的思考者、懂理论的实干家、有思想的行动者。辅导员要在实践中思考、学习，把思考和学习转化为领域聚焦的桥梁。辅导员一定要处理学生日常事务，一定要深入学生、了解学生，这样辅导员的领域聚焦才能够落实到育人上。辅导员的专业化和职业化不仅仅是为了自身的职业成长，还是为了更好地落实立德树人，实现自我成长与学生成长的同频共振，这是辅导员专业化和职业化的最终归宿。

辅导员的发展观

（一）明确纵横多元的发展方向

和其他职业工作者一样，辅导员也要遵循职业发展的一般规律，进行职业发展的选择与规划，体现职业发展的基本特点。比如，在任何职业中，从业者的兴趣、热情、态度、能力、价值观等都是影响职业发展的重要因素。高校辅导员作为大学生思想政治教育的骨干力量，其职业发展更多地体现了高校的基本特点，反映了高校思政工作者的特殊要求，具有更多的思想性、教育性、学术性和实践性。

思考辅导员的职业发展，可以理解为辅导员职业发展的通道问题，可以理解为辅导员职业发展的路径问题，也可以理解为辅导员职业发展的幸福感和成就感问题。概括起来就是辅导员往什么方向发展？有什么通道促进发展？有什么平台保障发展？有什么办法提升发展？通过对职业发展的选择和规划，辅导员可以在这份职业中收获更多的幸福感和成就感，克服职业倦怠，朝着专业化和职业化的方向发展。

辅导员的职业发展是一个动态的概念，专业化和职业化的发展并不等同于做一辈子的辅导员。在现实生活中，受到环境、体制、自身等众多因素的影响，终身从事辅导员工作的人还比较少。既然大部分人不会将辅导员作为终身从事的职业，那么讨论辅导员职业发展的意义又在哪里呢？基于辅导员的成长周期，基于辅导员队伍的整体发展，讨论辅导员的职业发展，是对辅导员职业群体进行的中长期引导与规划。对辅导员个体来说，其职业发展的生命受到主客观因素的影响，职业发展的不稳定性和不确定性更加突显。

客观来说，随着资深辅导员年龄的递增，他们与高校大学生之间的代际差距已不仅仅是年龄因素造成的形象距离和空间距离，还有思维方式、表达方式不同造成的心理距离和思想距离。大学生更容易接受与他们年纪相仿、思维接近、话语贴近的年轻辅导员。在日常工作中，"某某姐""某某哥"都是学生对辅导员的昵称，这种昵称体现了辅导员群体的年龄特征。当然，这并不是说年龄大的资深辅导员就做不好辅导员工作，年龄只是其中一个要素。如果辅导员的能力、兴趣、爱好、特长、价值观等其他要素特别突出，同样会成为职业发展的优势。

比如，获得全国高校辅导员年度人物、"时代楷模"等荣誉的大连海事大学辅导员曲建武老师，是一位受到辅导员敬重的老前辈、老模范，也是目前"时代楷模"中唯一一位辅导员代表。他从辅导员做到分管学生工作的校领导、省领导，后来毅然从辽宁省委高校工委副书记的岗位上回到高校再次做辅导员，体现了一位辅导员老前辈的教育情怀和责任担当。在中宣部授予曲建武老师"时代楷模"的电视报道中，我们可以用心体会到曲建武老师作为资深辅导员的育人初心。

从领导岗位到一线辅导员，曲建武老师用他依然如故的热情、爱心、细心和耐心关心着学生。他给学生编辑的每一条短信都很用心，很有针对性，让学生感受到辅导员细致入微的体贴。曲建武老师发给学生的短信从来不是简单的只言片语，每次都饱含着辅导员对学生的关心、引导、帮助和教育。他发给学生的短信内容合计多达上百万字。试想，作为一名学生，每次都收到辅导员用心良苦又具有针对性的短信时，内心会是一种怎样的感动和体验？之所以群发的短信不想回（通知除外），就是因为群发没有针对性，个体感受不到个性的关怀和教育的温暖。曲建武老师用心记得每一位同学的特殊境况和特别日子。当学生生活困难时，他总是无偿帮助；当学生行为失范时，他总是循循善诱；请学生吃饭；陪学生过生日。这种教育是无声无形的，却是激荡心灵的。辅导员用爱感动学生的时候，再多的话语都显多余。当学生把曲建武老师作为自己

辅导员的发展观

的亲人和长辈时，教育的作用已然达到。当学生把这种点滴的感动汇聚成前进的动力时，在大学中遇到的困难和问题，都不再是困难和问题，因为他们在学校中感受到了温暖和爱，这种情感足以成为他们克服困难的动力。

如果学生被辅导员了解到、关注到、关心到，这份关注和关心就会成为他们内心的暖流，成为激励他们前进的动力。曲建武老师的先进事迹向我们展现的不仅仅是从厅级干部到高校辅导员的转变，还是作为一名资深辅导员如何做好思想政治教育工作的表率。曲建武老师对学生的关注和关心，很多针对的都是小事、不起眼的事，相较年轻辅导员举办的特色校园文化活动可能没有那么大的影响力，但正是关注学生的这些小事，才是辅导员与学生关系的基本体现。

辅导员对青年大学生的思想引导可以从两个维度理解，一个维度是理论宣讲，讲党课、上团课，对同学们进行理论的解读和价值的引领；另一个维度是日常事务，解难事、办小事，在解决学生困难的基础上实现思想的引导和价值观的塑造。两个维度是相互融合、相互交叉的，并没有绝对的界限。作为辅导员，要从整体全面的角度理解思想引导，认识到在不同的职业发展阶段，思想引导具有不同的表现形式。对初级阶段辅导员来说，做好日常事务过程中的思想引导是重点；对高级阶段辅导员来说，做好理论解读和主题宣讲是重点，但是这种重点只是相对而言，并且在不同阶段还存在相互交融、相互交叉的现象。作为年长的资深辅导员，在日常事务中对学生的关注和关心，是工作初心的回归。因为，不管辅导员做到什么级别，深入学生、帮助学生、了解学生是辅导员的基础工作，也体现了辅导员的良心和责任。在大学校园里，辅导员成为大学生最亲近、最认同、最熟悉的人，主要就是因为辅导员能够及时帮助大学生解决身边的小事、急事、难事，在大学生出现困难时能够细致耐心地引导帮扶，在大学生受到委屈、遇到挫折时能够认真倾听、用心安抚，让大学生感受到温暖和关怀，为大学生独立在外生活提供精神鼓励和支持。大学生感受到最亲近、最认同的辅导员给予的教育关怀和有效指导，就会对辅导员的人格魅力、行为示范、榜样带动产生发自内心的认同感,所以辅导员工作的基础就是深入学生、了解学生、读懂学生。学生始终是辅导员工作的对象和主要内容,对每位学生的情况了解清楚、掌握全面,及时疏导解困,及时引导指路,这是辅导员工作的基本功,也是辅导员工作育人的落脚点。

具体到辅导员的职业发展方向和路径,可以概括为八个字:上下求索、左右开路。职业发展的方向决定了路径,有什么方向就会有相应的路径,只有职业发展的路径是科学合理的,才能够最终指向职业发展的目标,二者是辩证统一的。

辅导员职业的向上发展,主要是指行政级别上的升迁,通俗来讲就是提拔重用。辅导员具有管理者和教师的双重身份,这种双重角色是优势,具有双通道发展的便利。作为行政管理人员,辅导员职业发展的通道可以从辅导员到院系党委副书记、党委书记,乃至校领导甚至更高的领导岗位。在高校现有的体制下,行政上的升迁是辅导员比较看重的,也是辅导员职业发展最受人关注的地方。行政升迁,使辅导员能够站在更高的平台、共享更多的资源、发挥更大的作用,有利于辅导员职业群体的流动和优化整合。但是,辅导员职业向上发展的问题在于,个人的努力和工作成绩并不是决定其向上发展的唯一因素。向上发展受到众多因素的影响,包括机遇、环境、条件等,不是光靠个人努力就可以实现的。另外,职业通道的上层总是金字塔形的,越向上职位越少,岗位的稀缺性也使得向上发展不可能成为绝大多数人同时段的共同选择。向上发展还有一个问题就是天花板现象,对大多数辅导员来说,行政上的天花板早晚都会出现。既然向上发展不受个人主观努力控制,还会遇到天花板,那么辅导员对待这个问题的态度应该是做好自己的工作,有机会就努力争取,有平台就好好发展,顺其自然,坦然处之,有则尽力,无则安心。

辅导员职业的向下发展,主要是指辅导员要在深入学生、熟悉学生的基础上深化职业能力建设。向上发展有天花板,向下发展却是"无底洞"。这里的"无底洞"并非一个贬义词。不管是初级阶段辅导员还是中高级阶段辅导员,都要承担一定量的日常事务,都要了解学生、熟悉

辅导员的发展观

学生、深入学生，因为辅导员的工作对象始终是学生，辅导员必须要围绕学生、关照学生、服务学生。对处于任何阶段的辅导员来讲，向下深入学生、深化职业能力建设是必须要做的工作。从了解学生的角度来说，辅导员不仅要熟悉学生的学习情况和家庭情况，还要掌握学生的心理情况和发展情况。所以这个过程，没有最深入只有更深入，只有不断地深入，才能够实现对学生教育的针对性和有效性。此前部分高校开展辅导员素质能力大赛，都会设置考查熟悉学生情况的重要环节，比如学生的籍贯、家境、学习状况等基本信息，都是辅导员必须要掌握的。这个考查的形式和环节要不断创新，不能让辅导员感觉到形式主义，因为这件事情的重要意义是引导辅导员深入学生，掌握学生的各类情况，而不是单纯地考验记忆能力。如果辅导员连自己所带学生的基本情况都不了解，那么要怎么开展思想政治教育工作？当然，在高校招生人数相对稳定的情况下，一个年级平均300人左右是常态，少的也要将近100人。辅导员要记住这些学生的名字也并非易事，在此基础上要对每一位学生的基本情况都有所了解，也是不小的挑战。但是，一届届的学生，并非铁打营盘流水兵，辅导员的工作会在每位学生心中留有影响、留下印象、留存感念。对得起每一位学生，是辅导员工作的教育责任。每个辅导员都在做深入了解学生的工作，只不过深入了解学生的程度不一样，教育的效果也就不一样。我们经常提到辅导员工作是一个良心活，在这里体现得就非常明显。深入了解学生到什么程度，深入了解多少学生，虽然并没有硬性的量化指标，但这是做好辅导员工作的前提和基础，也是体现辅导员工作的良心所在。关于辅导员职业向下发展还有一种解释，就是专注于职业发展的某一个方向，成为某领域的行家里手，做一个有深度的辅导员。为什么要做一个有深度的辅导员以及如何做一个有深度的辅导员，这是一个非常重要的话题。这个深度指的就是辅导员在职业发展的某一方面的突破，在自己擅长的领域，把擅长的东西做好，在做好的基础上做强，在做强的基础上做大做优，做成精品和品牌，成为有特色内涵的辅导员。在辅导员的专业观中，我们已经初步探讨了这个话题。

辅导员职业发展向上预期可见，但向下深挖无限，辅导员既要保持向上发展的积极乐观心态，也要树立向下发展的自信和自觉。对向上的职业发展，辅导员要保持平常心；对向下的职业发展，辅导员要保持战略定力。如果上下求索是辅导员职业发展的纵向坐标，那么左右开路就是辅导员职业发展的横向坐标。上下求索的纵向坐标反映的是辅导员职业发展的方向问题，而左右开路的横向坐标反映的是辅导员职业发展的功能问题。

根据《能力标准》规定，大致可以把辅导员的工作内容分为左右两路：左路是以思想政治教育、心理健康教育、职业生涯规划教育、网络思政教育为主的引领教育；右路是以学生日常事务、学风建设、班团管理、危机管理为主的日常教育。辅导员工作内容涉及广、交叉多，左右两路的工作在很多情况下都需要同时完成，或者说很多时候都是融合在一起的，很难具体分开。

总体来看，左右两路主要还是从工作内容和性质上进行划分，左路具有鲜明的思想教育、心理教育、职业教育、网络教育所共同体现出来的思想性、引导性和教育性，辅导员必须要掌握相关的理论知识，具备扎实的理论储备和深厚的理论功底；右路具有鲜明的事务管理、人员管理、班级管理等管理者角色所体现出来的规范性、技术性、操作性，辅导员必须在熟悉了解、全面掌握学生情况的基础上，尽心尽力、尽职尽责地做好日常事务。与左路相比，右路的工作没有过多的理论要求、专业要求和知识要求，右路的工作含金量也没有左路高，但是如果右路工作做不好，左路工作同样不会做好，因为右路工作是基础和前提。辅导员必须"两条腿走路"，这样才能行稳致远。

辅导员职业发展的左右开路是齐头并进的，不能忽视或者偏向任何一方，一定是横向坐标左右两路的坐标点与纵向坐标的点位形成力的四边形。左右两路只有平衡发展，四边形才能够相对规整。从这个角度讲，辅导员必须平衡好日常事务和思想引导的关系，在做好日常事务的基础上实现思想引导，在引导思想的过程中促进日常事务的优化。当然，这里面存在一个比较现实的问题，就是辅导员的时间、精力、资源的有限

辅导员的发展观

性,使其不可能在每个领域都成为行家里手,考虑到个人的兴趣、爱好和专业,辅导员的工作应该有所为有所不为。比如在心理健康教育过程中,辅导员可以配合心理健康中心和专职的心理辅导教师对学生进行初步的情况了解和情绪安抚,但是要进行专业的心理干预和心理危机解决,很多辅导员就显得力不从心。辅导员不是万能的,我们应当承认辅导员能力的有限性,发挥育人共同体的应有作用。有的辅导员在宣讲或者做事迹材料时会说这么一句话:有任何问题都可以来找我。从辅导员和学生关系的角度讲,辅导员关心、关爱学生,解决学生的一切困难是职责所在,但是这样的表达会形成一种误区:学生只要有困难,就可以找辅导员,辅导员可以帮助解决一切困难。其实,一方面,对于有些问题,学生可以直接找相应的部门或负责老师,这比找辅导员解决起来更有效、更直接。比如选修课程、学分等问题,可以直接找教务老师咨询。比如生活中的一些小问题,可以直接找学长解决。也就是说,有些问题,学生可以直接找相关的老师、同学进行解决,找辅导员解决反而绕弯子,同时也限制了大学生与其他群体交流、交往的机会。尤其是新生报到的时候,新生辅导员会很忙,很难有时间去解决一个个具体的问题。在实际工作中,很多辅导员会把大学生在生活学习中遇到的问题进行分类,能由学生群体解决的就交给学生解决,辅导员集中精力处理更为复杂的问题。这样辅导员可以从繁琐的小事中解脱,也能够促进学生之间的交流沟通。另一方面,辅导员并非能够解决学生的一切问题。比如学生在专业学习方面遇到问题,辅导员固然会想尽办法帮助学习困难的学生,但为什么学生不去找专业教师呢?辅导员当然要负责学生的学习教育,但专业教师不是更有权威性和发言权吗?在很多情况下,辅导员只是一个中转站,尤其是涉及学校相关政策规定时,为什么学生不能直接去找学校相关部门呢?当然有人会说,学生信任辅导员,但这同样也限制了学生与学校职能部门的沟通,影响了学生对职能部门的评价和看法。辅导员是万能的,可以解决学生的一切问题,这种观点在理论上不成立,在现实中更不可能,既高估了辅导员工作的能力,也影响了大家对辅导员工作的客观评价。

所以，辅导员的职业发展是左右开路而不是左右开花，辅导员要把每一项工作内容做好、做到位，而不是把每一项工作内容都做强、做优。从初级阶段辅导员到中高级阶段辅导员的发展过程，也是辅导员左右交融不断深化的过程，辅导员要根据自己所处的阶段，适时调整左右两路的坐标点位，真正履行教育者和管理者的双重职责，体现教育者和管理者的双重角色。

（二）把握三个相结合的鲜明特征

大部分即将入职参加辅导员工作的同志，除了担任过辅导员助理、参加过辅导员岗前实习或者有其他岗位工作经历的老师之外，很多人对辅导员工作其实没有太多的体会。部分新入职的同志对辅导员的印象还停留在自己大学阶段和辅导员接触的时候，对辅导员这份工作有很多懵懂的认识，缺乏对辅导员工作整体上的认识和全局上的把握，当然更多的还是对这份工作的激情、热情和美好的憧憬。

辅导员工作具有三个鲜明的特性：理论性和实践性相结合、有限性和无限性相结合、理想性和现实性相结合。充满辩证色彩的这三个鲜明的特性充分体现了辅导员工作的特殊性和矛盾性。理解辅导员工作的这三个特性，有利于从整体上、全局上对辅导员工作进行宏观把握，有利于从战略上、长远上对辅导员工作进行职业规划，对做好辅导员工作具有一定的指导意义。

从理论性和实践性相结合的角度来看辅导员工作，就是要认识到辅导员工作既有理论研究的特点，又有实践操作的要求。作为大学生思想政治教育的骨干力量，辅导员工作具有深刻的理论性。这种理论性在辅导员工作的主要职责和职业能力标准中都有明确表述。根据《普通高等学校辅导员队伍建设规定》，辅导员工作的首要职责就是思想理论教育和价值引领。辅导员要引导学生深入学习习近平新时代中国特色社会主义思想，深入开展中国特色社会主义、中国梦宣传教育和社会主义核心价值观教育，帮助学生不断坚定中国特色社会主义道路自信、理论自信、

辅导员的发展观

制度自信、文化自信，牢固树立正确的世界观、人生观、价值观。

根据《能力标准》规定，辅导员的职业知识包括基础知识、专业知识和法律法规知识三个层面。就专业知识来说，辅导员要掌握思想政治教育专业基本理论、基本知识、基本方法，马克思主义中国化相关理论及知识，大学生思想政治教育工作实务相关知识。同时，按照《能力标准》划分，不管是初级、中级还是高级阶段，都有明确的理论和实践研究的要求。比如在初级阶段辅导员的职业能力标准中，对理论和实践研究的要求就规定辅导员能掌握思想政治教育的基本理论观点，能融入学术团队，运用理论分析、调查研究等方法归纳分析相关问题。

不管是辅导员的工作职责还是职业能力标准，都明确要求辅导员在工作中要掌握一定的思想政治教育专业的理论知识、方法和原理。辅导员的工作对象是大学生，立德树人是根本任务，把他们培养成为德才兼备、发展全面的中国特色社会主义建设者和接班人是辅导员的光荣使命。这势必要求辅导员坚持终身学习、主动学习、深入学习，积极开展理论研究，掌握思想政治教育理论、方法及相关学科知识，从而具备对大学生进行思想引导和价值引领教育的理论基础和研究能力。

习近平总书记在全国高校思想政治工作会议上强调，思想政治工作从根本上说是做人的工作。辅导员要坚持不懈传播马克思主义科学理论，抓好马克思主义理论教育，为学生一生的成长奠定科学的思想基础；要坚持不懈培育和弘扬社会主义核心价值观，引导广大学生做社会主义核心价值观的坚定信仰者、积极传播者、模范践行者。

作为学生日常思想政治教育和管理工作的组织者、实施者、指导者，辅导员工作具有鲜明的实践性。思想政治教育工作不只是理论的教育和思想的引导，而是要把解决思想问题和解决实际问题相结合，在帮助解决大学生学习生活、创业就业、恋爱交友、生涯规划、人际矛盾、升学留学、心理困惑等具体问题中，引导大学生形成科学理性的思想认识、价值取向，形成崇高远大的理想信念和人生抱负。

根据《普通高等学校辅导员队伍建设规定》，辅导员要负责党团和班级建设、学风建设、学生日常事务管理、心理健康教育与咨询工作、网络思想政治教育、校园危机事件应对和职业规划与就业创业指导等内容。这些工作职责在现实工作中可能就简化成了开班会、查考勤、进宿舍、下食堂、上课堂、搞活动、解矛盾、导就业、带军训等。实际上,这每一方面的工作职责都要求辅导员做好策划、精心筹备、实施开展、保障后勤、监督约束等,这些都是辅导员要解决的大量事务性工作。同时,辅导员在工作实践中,要深入学生、了解学生、熟悉学生,通过谈心谈话、主题班会、年级例会等形式,全面掌握学生思想动态和实际状况,这是辅导员做好工作的基础,也是提高思想政治教育工作针对性和有效性的前提。

辅导员工作理论性和实践性相结合,体现在辅导员如何看待和处理思想引导与日常事务的辩证关系问题上。思想引导要作为一条主线贯穿于日常事务之中,思想引导要依托日常事务,而不能脱离日常事务;日常事务要反映思想引导,而不能就事论事陷入事务主义。总体来说,思想引导要接地气就要融入日常事务,而日常事务要体现价值观塑造就需要思想引导。把握住这一点,辅导员的理论学习就更具有主动性、自觉性,对日常事务的认识就更加清醒和深刻。

正如很多辅导员所言,之所以在岗前培训中提不出对辅导员工作的相关问题,那是因为还没有参加工作,不知道会有哪些问题,也不清楚问题在哪里。问题都是在工作实践中产生的,问题也都是在工作实践中解决的,这要求辅导员把握好理论性和实践性的关系,在实践中学习理论,在实践中运用理论。

从有限性和无限性相结合的角度来看辅导员工作,就是要看到辅导员工作职责的边界性,也要看到辅导员工作责任的无限性。制定《能力标准》的一个重要目的就是规范辅导员的工作范畴,逐步明晰辅导员的岗位职责和工作边界,增强辅导员的职业自信心和归属感。在全员育人的理念下,辅导员作为高校思想政治工作的主体之一,应当与班主任、专业教师、团干部、党政领导干部、行政管理干部、后勤职工、思想政治理论课教师等共同做好大学生思想政治教育工作。《高校思想政治工作质量提升工程实施纲要》指出,要充分发挥课程、科研、实践、文化、网络、心理、管理、服务、资助、组织等方面工作的育人功能，切实构建"十大"育人体系。在协同育人的思想政治工作格局中，辅导员具有独特的育人优势和功能，但这也说明辅导员工作具有有限性。这种有限性体现为辅导员工作能力的有限性、效果的有限性和功能的有限性。这种有限性并不是对辅导员工作的贬低，而是客观描述辅导员工作的现实情况，是对协同育人格局下辅导员工作的职责定位和功能聚焦。

前面提到，有些辅导员经常对学生讲：有任何问题都可以来找辅导员。也许这是一句口头禅或者是为了体现对学生的热情，但辅导员不可能解决所有问题，如果任何问题都是辅导员可以解决的，这是对其他育人主体和职能部门的不尊重。同样，这也导致辅导员经常抱怨的问题出现：学生欠费找辅导员，学生失联找辅导员，学生失恋找辅导员，学生请假找辅导员，学生打架找辅导员，钱包丢了找辅导员，选课问题找辅导员，宿舍矛盾找辅导员，宿舍被盗找辅导员，心里难受找辅导员，找不到工作找辅导员，等等。当辅导员在抱怨繁杂的日常事务时，是否会想起自己经常对学生讲的这句话？

同样，有些辅导员也经常说：我们是万能的辅导员，没有辅导员解决不了的问题。实际上，这是一种非常错误的言论。万能论实际上是对协同育人、合力育人的否认，既然你已经万能或者无所不能了，还需要其他育人主体干吗呢？虽然辅导员可能和学生接触最多、感情最深、关系最好，但是辅导员不是万能的。面对沉迷游戏的学生，有时候辅导员苦口婆心但束手无策；面对患有心理疾病的学生，有时候辅导员的专业知识不足以独当一面、力挽狂澜；面对存在宿舍人际矛盾的学生，有时候辅导员的劝说和解并不总是皆大欢喜、顺风顺水；面对生活迷茫的学生，有时候辅导员的生涯规划方法短期内并不能让学生找到人生的方向。由于问题的复杂性和学生个体的自主性，辅导员需要与家长、学生、班主任、任课教师、心理专职教师等进行沟通协调，才能共同解决学生存在的各种问题。世界上不存在万能的方法，那么万能的理念就更不会存在。

"万能辅导员"的言论只会进一步神化辅导员，夸大辅导员在思想政治教育工作中的作用。这种神化到最后就有可能衍化为妖魔化，万能的辅导员就成为掌控一切、随心所欲的狂人。辅导员对自身的工作要有清醒的认识，在日常工作中要谨言慎行，不能把自己塑造成万能的形象。否则，很多高校的职能部门在个别辅导员的自我吹嘘下，同样会高估辅导员的能力和水平，把很多原本不属于辅导员职责范围的工作压向辅导员，导致辅导员工作环境的整体恶化。事实上，辅导员囿于个体能力的有限性、时间的有限性、精力的有限性、知识的有限性、资源的有限性，很难成为无所不能的万金油、多面手、"突击队"和"救火员"。

有些辅导员在汇报工作成绩时，经常会列举很多学生获得的奖项或者列举很多优秀的学生取得的各方面的成绩和进步，把学生的成绩作为自己工作业绩的一部分。客观地讲，学生获得的所有成绩凝聚着所有人的努力，是所有人共同育人的结果：有学生自己的努力拼搏，有家长的默默支持，有专业教师的指导，有领导的关心关怀，有职能部门的协助配合，有其他教师的大力支持，有同学们的热心帮助，等等。那么，辅导员凭什么把学生获取的各种成绩和荣誉都归于自己呢？从一定意义上说，辅导员把学生获得的成绩和荣誉作为自己的工作业绩，或者说作为辅导员工作能力和水平的证明，实际上并不妥当。辅导员不能随心所欲地把学生的成绩作为自己的业绩，因为协同育人格局下成绩的取得是所有人共同努力的结果，辅导员的这种占有对其他育人主体来说显失公平。诚然，这并不是否定辅导员的工作，而是要强调学生的成长成才得益于多方的努力，辅导员只是其中一分子。

所以，辅导员虽然致力于学生的成长成才，但是作为协同育人、合力育人的一分子，辅导员必须和其他育人主体一起努力，才能够帮助学生实现全面发展。这也正是辅导员工作育人效果有限性的体现。

总之，辅导员工作的有限性并不是对辅导员工作的否定，而是在协同育人格局下对辅导员工作的清醒认识，是对辅导员工作有限职责的清晰定位。正是因为辅导员工作的有限性，辅导员才要努力学习，全面提高职业能力；才要谦虚谨慎，与其他育人主体共同做好协同育人工作。辅导员只有通过无限的努力工作才能克服有限的时间和精力造成的局限，

辅导员的发展观

时间和精力的有限性并没有否定辅导员工作的无限性。辅导员工作的无限性体现在爱心的无限性、责任的无限性、沟通的无限性、努力的无限性,这些无限性体现了辅导员作为大学教育工作者的情怀、担当和使命。

爱心的无限性。教育的本质是爱,唯有爱心才能让教育充满力量、充满温度、充满活力。辅导员要热爱工作、热爱学生,以爱心包容学生,以爱心陪伴学生,以爱心看待学生,这份爱彰显着人性的温度和光辉。辅导员的工作对象是个性鲜明、思维活跃的大学生,每一个大学生都有自己的优点和特长。教育不是标准化的生产线,而是个性化发展的服务台;大学校园不是安装流水线的加工厂,而是充满文化气息的园地。大学阶段是大学生成长成才的关键阶段,是人生观和价值观塑造的重要时期,辅导员若是没有爱心就无法做好辅导员工作,没有爱心就无法体现教育的本质。辅导员要爱一切的学生,要爱学生的一切。爱心足以融化所有的困难和障碍,爱心足以包容所有的不足和缺点,辅导员对学生的这份爱心是无限的。当然,辅导员的爱应当是没有差别的,不论成绩好坏,不论家庭贫富,不论个性差异,每一个学生都值得辅导员爱的付出。辅导员对学生的爱是一种大爱,一种包容的爱,只有这种爱才能推动辅导员勇往直前。

责任的无限性。作为辅导员,应深感自身担负责任的重要,这种责任感也是辅导员在工作中勤恳工作、任劳任怨、无怨无悔的基础。辅导员工作责任的无限性可以从以下几个方面理解。第一,在现实工作中,辅导员起到兜底、托底的作用。学生出现各种问题或状况,辅导员都担负着直接的管理责任和教育责任。这种责任就体现在,当问题出现以后,大家首先想到的就是学生的辅导员是谁?辅导员知不知道?辅导员有没有正确处理?这也是让辅导员倍感压力的地方。比如,当辅导员带队组织学生统一乘车参加集体活动时,辅导员要负责学生途中安全。可是,辅导员如何负责学生途中安全?这难道不是司机的责任吗?当发生车祸的时候,辅导员和学生的安全是同等重要的,难道不是吗?这一点,大家应该深有体会。第二,每一个学生都是每一个家庭的核心,这种关系更是让辅导员倍感压力。辅导员面对的是每一个学生,其实也是面对每一个家庭。对已经为人父母的辅导员来说，这一点更是深有体会，在父母的眼中，孩子就是一切。大学生出现心理问题、安全问题，受到影响和伤害的不仅仅是自己，还包括他们的父母和家庭。第三，高校培养的大学生是未来社会建设的主力，是未来社会建设的栋梁，是中国特色社会主义的建设者和接班人。协同育人是辅导员的政治责任，也是辅导员担负的神圣使命，更是思想政治教育工作无上光荣之处。高校培养的大学生不论是什么专业，未来不论走向何种岗位，都要担负起实现中华民族伟大复兴的重任。引导学生热爱我们的伟大祖国，衷心拥护中国共产党和中国特色社会主义制度，对中国特色社会主义制度形成无比坚定的认同，坚定道路自信、理论自信、制度自信和文化自信，正确认识世界和中国发展大势，正确认识中国特色和国际比较，正确认识时代责任和历史使命，正确认识远大抱负和脚踏实地，把个人青春梦融入中国梦的伟大实践中，这是辅导员育人的价值所在。

沟通的无限性。辅导员要深入学生、了解学生，掌握学生各方面的情况，这既是做好学生工作的基础，也是有效指导学生发展的前提，势必要求辅导员建立起与学生无缝沟通的渠道。24小时开机是辅导员工作的常态。很多辅导员在工作中都遇到过半夜学生突发疾病，或者其他的突发事件，这个时候学生首先想到的就是辅导员。当辅导员的电话在凌晨响起的时候，出于职业敏感和本能反应，辅导员总会第一时间和学生进行沟通。白天上班，晚上在线，随时待命，全天服务，成为辅导员日常工作的真实写照。

此外，学生毕业以后，成为辅导员的校友，辅导员的电话依然是原来的号码，随时欢迎校友的联系和咨询。如果要讨论社会上电话号码使用年限最长或者说对通信运营商忠诚度最高的群体是哪些人，辅导员绝对是其中之一。不是因为对号码的钟爱或对服务的满意，而是因为辅导员的号码已经成为学生最熟悉的数字。学生毕业离校以后，辅导员的号码依然能够保存在学生的手机通讯录中，这是辅导员的荣耀。在每年的校友返校活动中，辅导员是校友们必定邀请的人员之一，师生畅谈，回忆过往，展望未来，情谊永存，这也是辅导员工作沟通无限性的最好说明。在求学期间,学生是辅导员的教育对象、管理对象,毕业以后,学生是辅导员的校友。每年校友返校日,辅导员都希望自己的学生能作为优秀校友返校,学校都希望优秀校友为学校发展捐资助学、建言献策。问题是,没有谁能够预知哪些学生能够成为优秀校友。所以,从学生进校的第一天起,辅导员就应当把他们看作未来的优秀校友,以校友的理念进行管理、开展教育、组织活动,这样就把校友理念融入了学生的大学生活,学生毕业后对学校的感情就会更深更牢。辅导员用校友的理念开展学生工作,把在校的学生不仅仅看作教育管理的对象,更看作未来的优秀校友,以校友的理念对待在校学生,学生受到重视、感到温暖和关怀,校友工作其实就水到渠成了。

努力的无限性。提高职业能力始终是辅导员工作的重要话题,唯有经过无限的努力才能克服由于时间、精力、资源的有限性造成的工作瓶颈。当今辅导员的工作对象越来越年轻,从"90后"到"95后"再到"00后""05后",他们的个性越来越突出、思维越来越活跃、特点越来越鲜明。辅导员要努力研究学生、理解学生,会说学生喜欢的语言,能懂学生表达的方式,让自己和学生始终同在一个话语频道、同在一个行为轨道,这样辅导员的工作才能更有效、更有质量。面对新时代的大学生,辅导员要用不变的爱心和责任心努力地通过学习改变自身的观念、思维、方式和方法,才能成为大学生健康成长的知心朋友和成长成才的人生导师。

辅导员工作努力的无限性还体现在《能力标准》的规定中。辅导员从初级阶段到中级阶段再到高级阶段的成长路径,除了有明确的工作年限划分,更多的是要求辅导员工作内涵的升华、工作能力的提升和育人效果的强化。辅导员工作的一个矛盾就是工作的年限和资历已经到了高级阶段,但是辅导员的工作能力、水平和育人效果还没有达到高级阶段,那么这种高级阶段就是没有意义的成长,只是工作年限和年龄资历的自然累积。对照《能力标准》的具体内容,可以看到从初级阶段到高级阶段的成长过程,虽然九大条块的工作目录没有变化,但是在具体的工作内容和要求方面都有明显的改变和提升。简单来说,高级阶段的辅导员要成为思想政治教育工作方面的理论专家,能够成为解决学生日常事务工作的实践专家,能够成为指导初级、中级阶段辅导员发展的团队建设专家。面对这样的标准和要求,辅导员必须经过无限的努力,才能进一步深入推动辅导员工作的专业化和职业化进程。

从理想性和现实性相结合的角度来看辅导员工作,就是要看到辅导员工作既充满了理想情怀的特质,也包括现实的妥协无奈。努力成为学生成长成才的人生导师和健康生活的知心朋友应当是辅导员工作的理想状态。当然,对辅导员来说,人生导师和知心朋友其实是两种角色,在大学生思想政治教育工作中发挥着不同的功能和作用,亦师亦友的两者结合是最理想的状态。大多数情况下,辅导员可以成为学生健康生活的知心朋友,帮助学生解决日常生活、学习中遇到的各种问题,帮助学生养成良好的习惯,提高学生的综合素质能力。但是作为学生成长成才的人生导师,引导学生"扣好人生的第一粒扣子",引领学生树立崇高的理想信念,培养学生正确的世界观、人生观和价值观,助其成为胸怀祖国、心系人民,同人民一道拼搏、同祖国一道前进的新时代大学生,辅导员还有很长的路要走。

如果我们把理想状态的辅导员工作简单地划分为引导思想、指导生活、辅导学业三个层面,那么现实问题是辅导员引导思想缺乏高度,指导生活缺乏力度,辅导学业缺乏深度。在思想政治教育工作中,由于担负着学生繁杂、琐碎的日常事务的管理,由于学生个体情况的差异性和复杂性,由于学生心理状况的变动性和隐蔽性,辅导员成为事无巨细服务学生的"保姆"、保驾护航负责学生安全的"保安"、统计信息上传下达的"表哥""表姐"。做好日常事务是辅导员工作的底线,但如果辅导员的时间和精力陷入了日常事务难以自拔,人生导师的角色会被"保姆""保安"取代,成为事务型、业务型的学生工作者,辅导员工作的理想状态恐怕很难实现。

辅导员工作中理想的学生状态,应该是大学发展目标明确、人际关系和谐、做事态度端正、心态乐观向上、状态积极进取,努力成为一名爱国、励志、求真、力行,有理想、敢担当、能吃苦、肯奋斗的新时代

辅导员的发展观

好青年。在现实工作中，辅导员赞扬优秀的学生，引导努力的学生，帮扶困难的学生，这些是辅导员面对不同学生群体的工作方式。优秀的学生依然优秀，努力的学生自我奋进，这两类群体成为学生中的榜样和典范，但是困难的学生步履维艰，辅导员的大部分时间和精力都要花在考虑如何帮扶各类困难学生上。在很多情况下，辅导员花了大量的精力和时间，但是教育、引导困难学生的效果不是很乐观。当然，再多的精力和时间，也值得辅导员付出和牺牲。恋爱受挫、意志消沉，就业受阻、目标迷茫，游戏成瘾、状态彷徨，学业随意、迟到旷课，生活邋遢、懒散成性，这是部分大学生现实状态的真实写照，也是需要辅导员进一步努力解决的重要问题。解决了现实中的各种难题，才能奔赴远方的理想。对辅导员来说，理想再远，也要奋力拼搏；现实再难，也要从容面对。为了理想的远方，辅导员需要在现实中不断努力进步，克服一个个困难，挑战一个个极限，才能成为学生最信任、最信赖、最贴心的幸福陪伴者。

（三）期待诗与远方的发展未来

专业化和职业化是辅导员队伍建设的发展方向，也是辅导员个体自我成长的必由之路。从队伍建设的角度讲，专业化和职业化着眼于提高辅导员队伍的整体水平，增强辅导员的职业认同感，优化辅导员的职业能力，真正体现辅导员是开展大学生思想政治教育的骨干力量。从自我成长的角度讲，专业化和职业化着眼于引导辅导员个体的生涯发展，明确发展方向，树立发展目标，增强发展动力，强化发展能力，真正体现辅导员作为一项事业的人生价值。

如果套用比较流行的话语，辅导员的专业化和职业化发展其实就是辅导员的诗与远方。而追求诗与远方，就是要超越日常的琐碎，不再纠结现实的困境，致力于实现内心的一种纯粹，这是个体最理想的生活状态和工作状态。辅导员的诗与远方是对未来发展的一种展望，也是对未来工作状态的一种期待。辅导员的专业化和职业化发展存在一种双重取向，一重取向是辅导员队伍建设，另一重取向是辅导员个体成长。队伍的专业化和职业化需要通过政策的引导、支持、配套、保障等，使作为一项职业的辅导员这份工作具有相应的内涵和职责；个体的专业化和职业化需要根据个人的具体工作的目标、方向、能力、水平等，使作为辅导员的个人具有相应的认同和归属。

辅导员要实现职业发展就要创新品牌，凝练日常事务，做一名"有厚度"的辅导员。经常会有年轻的辅导员抱怨工作中的忙碌，他们被繁杂琐碎的日常事务搞得焦头烂额，根本体会不到育人的使命感。日常事务是辅导员工作的基础，没有这些日常事务，谈何开展日常思想政治教育工作呢？日常事务是辅导员开展思想政治教育的抓手，不管辅导员专业化和职业化发展到哪一个阶段，辅导员都要做一定量的日常事务，关键是怎么做。优秀辅导员会把日常事务做出特色、做出亮点、做成精品、做成品牌，从而增强工作的实效和影响。辅导员要正确看待日常事务，树立正确的事务观念。只有做好日常事务，才能更加亲近学生，才能更加了解学生，辅导员在学生中才更具有号召力和影响力。前文已有多次强调，日常事务是辅导员工作的基础，没有这个基础，辅导员的育人工作就无从谈起。

在大数据时代，随着教育信息化的深入发展，繁杂的日常事务一定会被整合化和集约化处理。正如众多高校倡导的学生事务一站式服务社区一样，将来辅导员所处理的日常事务一定会被压缩和整合。互联网已经融入了我们的日常生活，改变了我们的生活方式和思维方式，淘宝、天猫、美团、滴滴等，已经成为我们生活的一部分。互联网和我们的生活联系得越来越紧密，已经成为我们生活不可或缺的一部分。同样，互联网也会融入辅导员工作，改变辅导员的工作方式和状态。学生工作信息化一定是未来的趋势，而这个趋势已经出现端倪。大多数高校都在开发校园手机应用软件和各类信息平台，学生在网络平台上可以实现与校园生活相关的各种功能，同时学生的消费信息、上课信息、作息情况、活动情况等都可以实现数据的收集和整合，从而利用大数据做出评判、决策和预测。通过手机应用软件和信息平台，学生可以完成选课考试、建议投诉、借阅图书、考勤、报修等工作，辅导员可以随时了解每位学生的动态和全面掌握学生的信息,如此一来,信息化的趋势一定会推动日常事务的整合化和集约化。

在学风建设中,考勤是一项非常重要的工作,通俗来讲就是查迟到。通常的做法是辅导员提前五到十分钟站在教室门口,现场完成考勤工作。这里的问题在于,辅导员同时最多只能巡查一个班级,当上课铃声响起的时候,其他班级的考勤工作是无法完成的。在学生工作信息化的背景下,辅导员只要打开相关手机应用软件,点击查看所在班级学生的上课信息,系统会自动显示每位同学进入教室的时间,对于迟到的同学会使用不同的颜色进行标注。辅导员不需要在现场,就可以一键导出所有班级的考勤结果,非常便捷实用。借助信息化手段,辅导员可以节约大量的时间和精力,从而提高工作效率。

有高校曾经组织贫困生讲家庭条件、讲自身困难之处,根据演讲的内容进行打分,确定困难资助的等级和金额。这种方式之所以受到大家的批评,就在于公开"拼穷"既有失公平,也不利于家庭经济困难的学生树立正确的资助观念。在学生工作信息化的背景下,部分高校通过大数据分析学生食堂就餐信息,为表现为家庭经济困难的学生直接发放困难补助,这一做法受到社会的关注和点赞。这样,既可以避免公开"拼穷"的尴尬,也让家庭经济困难的学生感受到了学校的关怀和温暖。

在有些高校,辅导员需要到学生宿舍查寝,主要是查看学生晚归情况。在查寝的过程中,辅导员可以利用这段时间和学生进行交流,这也是开展思想教育的重要渠道。但问题在于,每位辅导员要查寝的宿舍较多,检查所有宿舍需要花费较长时间。另外,对于男性辅导员而言,到女生宿舍查寝不是特别方便。在学生工作信息化的背景下,把学生进入宿舍的刷卡信息和数据进行整合关联,当学生在属于晚归的时间节点刷卡进入宿舍的同时,相关信息会以短信的形式直接发送到辅导员手机,同时对于超过规定时间节点没有刷卡进入宿舍的同学,相关人员信息也会以短信形式直接发送到辅导员手机。这样,辅导员可以第一时间掌握晚归或者未归学生的信息,经过进一步核实,就可以完成学生查寝工作。

在大数据时代,充分利用信息化手段可以有效整合学生管理信息,

高校辅导员的成长观

促进学生管理的信息化和规范化，这极大改变了辅导员日常事务工作的方式和方法。可以说，繁琐的日常事务工作在大数据时代一定会被信息化处理，使辅导员可以从繁杂、琐碎的日常事务中解脱。当然，这里还有数据安全的问题，防止学生信息泄露，做好数据保护，这是在信息化发展中值得注意的问题。如果辅导员从日常事务中脱身，那么辅导员要做什么呢？显然，辅导员的工作就要回归本质——开展思想引导，这是辅导员工作的未来趋势。

在这个时候，辅导员就更加需要培养创新品质和品牌意识，注重工作的总结和反思，注重工作的创新和特色，注重工作的提炼和升华，把经验上升为理论，把做法演变为制度，把辛苦转化为成果。辅导员要把简单的事情重复做，重复的事情用心做，事务的工作求创新，创新的做法化品牌，真正做一名有作为的辅导员。当人的工作被机器代替，辅导员所能做的就是创新，唯有创新才能体现辅导员的价值，发挥辅导员的力量，实现辅导员的目标。随着信息化技术的进步，数字赋能学生工作一定会改变辅导员的工作生态。面对这种挑战，辅导员只有聚焦立德树人，强化方法创新，才能勇立时代潮头，不断推动辅导员工作高质量发展。

作为开展大学生思想政治教育工作的骨干力量，辅导员的使命是为中国特色社会主义培养建设者和接班人。强化对大学生的思想引导是辅导员工作的本质，日常事务并不是单纯地帮助大学生解决实际困难、指导发展规划和关心健康成长，而是要围绕思想引导这个核心，牢牢把握马克思主义意识形态的主动权和话语权，增强大学生对中国特色社会主义的道路自信、理论自信、制度自信和文化自信。这势必要求辅导员要有理论的高度，掌握马克思主义基本原理，具备马克思主义的理论素养，树立马克思主义的立场、观点和方法。在意识形态问题上，辅导员要敢于亮剑、勇于发声、善于引导，像徐川老师那样把有意义的事情做得有意思，发挥正面引导的积极作用。思想的困惑是最大的困惑，价值的引导是最大的启迪，辅导员要主动自觉加强理论学习，增强思想引导的能力，成为一名有理论高度的辅导员。

我们之所以要强调思想引导的本质，是因为一方面，这是学生工作

辅导员的发展观

信息化的发展趋势，这使得做好思想引导工作能有效拓展辅导员的生存空间；另一方面，做好思想引导工作是辅导员在高校思想政治工作中立足的根本。在全员育人的工作理念下，高校教职工都担负有育人的责任和功能，那么辅导员岗位的特殊性或者说价值性又体现在哪里呢？在互联网上被广为点赞的高校网红宿管阿姨，她们既能为同学们提供优质的生活服务，又能通过手中的画笔治愈学生的心灵，还能以过硬的专业知识为学生辅导。这些宿管阿姨成为学生倾诉苦闷的对象，成为学生咨询知识的专家，成为学生信赖的亲人，成为大受学生欢迎的良师益友。虽然高校网红宿舍阿姨是个例，但这给辅导员敲响了警钟，带来了极大的挑战，辅导员应该要有职业危机意识。换句话说，思想引导是辅导员的阵地，如果这个阵地守不住或守不好，辅导员情何以堪，又谈何职业成长？不是辅导员做得不够好，而是有人可以做得比辅导员更好，这是危机所在。与辅导员相比，思政课教师主要是利用课堂教学引导大学生坚定理想信念，践行使命担当。在课堂教学之外的校园生活、学生活动、第二课堂、社会实践等，都是辅导员工作的空间场域，是辅导员开展思想引导的载体，是辅导员落实育人使命的平台。大学生活的空间场所和多彩的活动场地，是辅导员提升职业能力、展现职业水平的舞台，同时也是辅导员开展思想引导的阵地。

辅导员应当树立职业危机意识，要认识到当青年学生受到外在因素的不良影响时，辅导员自身是否具备足够强大的思想引导能力。换句话说，当辅导员的对手出现时，辅导员的思想引导能否发挥作用。青年学生受到外在因素的不良影响主要有两类：一是传销的影响，二是娱乐明星的影响。近几年，青年学生受到传销蛊惑、落入传销骗局的不在少数。正在接受高等教育的青年学生，却相信传销人员口中的发财致富道路，相信传销人员为他描绘的美好理想，实在令人叹息。这种人生欲望激发式的鼓动影响了学生的正常判断，这种未来生活空想式的描绘干扰了学生的理智分析，使得学生在集体喧嚣中被成功洗脑。现实中，有部分被警察从传销窝点解救的大学生，竟然还埋怨警察耽误他的发财之路，执迷不悟地跑回传销窝点，真是让人可悲可叹。娱乐明星的影响更不用说，在"饭圈"文化的影响下,有些学生为了追星可以编造理由请假甚至直接逃课、旷课,不惜一切打榜支援,甚至还做出为明星筹款捐飞机、高调庆生等荒唐事,盲目追星而失去理智的青年学生不在少数。当这些情况出现的时候,辅导员要用过硬的本领、坚定的自信开展思想引导,帮助学生拨开思想迷雾,端正思想认识,回归思想正途。辅导员有没有这个自信?有没有这个能力?敢不敢应对这种复杂局面?这是对辅导员思想引导工作的巨大考验。

辅导员对自身思想引导的角色功能都十分认可,问题的关键在于没有很好地体现和执行。在强化思想引导的功能方面,有不少辅导员还陷于能力不足、水平不够、理解不深、引导不好的困境。专业背景的多元化的确是影响辅导员队伍开展思想引导的重要因素,这个问题在辅导员的专业观中已经进行了讨论。辅导员工作的本质是思想引导,那么非思想政治教育专业出身的辅导员就面临着两方面的问题:一方面是自身马克思主义理论水平有待提高,对党的政策方针和意识形态的解读能力还有待提高;另一方面是辅导员忙于学生日常事务,根本没有时间和精力开展思想引导。这是目前大多数辅导员在工作中面临的现实矛盾。在辅导员的专业观中介绍了部分优秀辅导员如何结合自身专业、结合学生专业开展思想引领工作的典型个案。探索思想教育和专业教育的结合,是破解这种矛盾的方法,更是辅导员工作大有可为的创新空间。如果认识不到辅导员所担负的思想引导这个角色功能,辅导员的专业化和职业化就失去了灵魂。

辅导员要实现职业的发展就要明确方向,提高职业能力,做一名有深度的辅导员。高校涌现出的优秀辅导员都会在做好日常工作的基础上,根据职业能力标准和结合自身的特长,规划明晰的个人发展方向和职业图景。在未来的学生工作中,大学生的思维会更加活跃,利益会更加多元,观念会更加多样,辅导员对他们的教育引导和管理服务一定是在共性的基础上更多地突出个性,一定是在普遍教育的基础上更多地重视私人定制般的差异化教育,增强工作的针对性和实效性。要做一名有深度的辅导员,就要具备核心竞争力,具有独特的优势,成为某一方面的研

辅导员的发展观

究专家、实战专家,为学生提供个性化的教育引导。

辅导员的工作能力和工作年限,并不是成正比的关系。工作时间越长的辅导员,其工作能力不一定越强。按照《能力标准》,辅导员的工作能力体现在包括思想政治教育、学业指导等在内的九大方面。但事实上,必须承认,由于专业背景、学缘结构、兴趣爱好和性格特质等方面的差异,没有一名辅导员擅长所有领域的工作。在专业化和职业化的道路上,辅导员必须要明确自己的主攻方向,有的放矢,集中优势,使自己成为某一领域的专家。这其实就是我们一直讨论的领域聚焦问题。辅导员一定要明确职业发展方向,实现职业领域聚焦,瞄准一个发展方向,朝着一个发展目标,不断积累,不断突破,不断创新,实现职业成长。

根据辅导员工作的具体内容,结合职业成才的要求,辅导员要形成"一专多能"的能力结构。辅导员要协调好工作的繁杂性和成长的进步性之间的关系,就要聚焦某一个具体工作领域,提升专业化水平,打造辅导员核心竞争力,体现职业发展的独特亮点。

"一专"是辅导员职业发展的杀手锏,能够体现辅导员个体的工作优势,突出辅导员个体的工作特色,打造辅导员个体的工作品牌,使辅导员能够拿出独一无二、特色鲜明的工作成绩。在各级各类辅导员年度人物评选中,优秀辅导员肯定要有突出的亮点、鲜明的特色、创新的品牌,才能在众多辅导员中脱颖而出,给评委以深刻印象。对辅导员来说,完成常规工作是基本任务、是底线,而创新工作的亮点、打造工作的品牌才是优秀辅导员的内在体现。"一专"要求辅导员思考自身有哪些优势,如何将这些优势融入辅导员工作,从而形成创新工作品牌的切入点。这些优势是多方面的,比如专业优势、特长优势、地理优势、资源优势、平台优势等。专业优势既包括辅导员个体自身的专业优势,也包括所在学院的专业优势,这两种优势都可以成为辅导员工作特色的切入点。在理工科院系,科研氛围浓厚,科研资源丰富,这些为组织学生参加科技创新比赛奠定了坚实基础。如何将所在院系的科研优势转化为指导学生参与各类比赛的资源,体现学生工作的特色,成为考验辅导员工作能力水平的试金石,也为辅导员工作打开广阔空间。毕竟,同在理工科院系工作的辅导员很多,却只有少数辅导员可以借助专业优势脱颖而出,这是辅导员需要思考和反思的地方。"一专"要求辅导员要有职业定力,在根据兴趣、专长等确定了主攻领域之后,辅导员要耐得住寂寞、抗得住诱惑,在锚定的职业方向上行稳致远。通过学习辅导员年度人物成长事迹材料,总结辅导员年度人物成长规律,可以看出辅导员年度人物平均工作年限在8年以上。没有这8年甚至更长时间的持续探索,怎么可能取得令人瞩目的成绩?怎么可能创立辅导员工作品牌?为什么是8年以上?其实,8年正好是高级阶段辅导员的基础工作年限,应该说这是符合辅导员职业成长规律的。如果想要在辅导员岗位上工作8年以后取得优异的成绩,那么在这8年中,就必须立足岗位,瞄准职业发展方向,朝着主攻的领域心无旁骛地努力,坚持不懈地探索。

"多能"是辅导员职业发展的多面手,体现辅导员工作内容的全面性,反映辅导员工作范围的宽广性,突出辅导员工作能力的综合性。"多能"是对辅导员工作能力的现实要求。辅导员的工作对象是学生,是全体学生,而非部分学生。学生群体的诉求千差万别:学生学习遇到困难,辅导员要指导;学生生活遇到困难,辅导员要关心;学生宿舍产生矛盾,辅导员要协调;学生失恋感到困惑,辅导员要疏导;学生财物丢失,辅导员要追查。可以说,学生的大多数问题都会集中到辅导员这里,辅导员就是学生问题的终端解决者。学生工作的现状赋予了辅导员多重角色,辅导员要做学生学习的指导者、心理问题的疏导者、矛盾纠纷的协调者、人身安全的守护者。没有多方面的综合能力,辅导员就不可能完成多重角色担负的使命。学生问题的多元性要求辅导员必须是"多能"的,这种"多能"和前面讲的"万能"是两码事。在辅导员群体中流传着这么一句话:"白天走干讲,晚上读写想。"这句话体现的也是辅导员工作的"多能"特点。白天,阳光初照,辅导员要走到教室查看学生上课情况,要走到宿舍查看宿舍卫生情况,要走到自习室查看学生学习情况。与此同时,辅导员要组织学生活动,布置班团工作,落实评奖评优,召开主题班会,与学生谈心谈话,填写各种表格,等等,忙碌是辅导员工作的常态。晚上,夜幕降临,辅导员要读书学习,给自己充电加油,把所思

辅导员的发展观

所想用文字记录下来，把经验教训和工作心得用语言表达出来。

除此之外，还有一句顺口溜也体现了辅导员"多能"的基本要求，即"提笔能写、开口能讲、遇事能办"。提笔能写，是对辅导员文字表达能力的要求。一方面，辅导员要应对各种层面、各个类型的报告材料、工作总结等；另一方面，辅导员要撰写工作案例、科研论文等。这些都要求辅导员具有提笔能写的能力，这既是工作的基本要求，也是自我提升的需要。开口能讲，是对辅导员口头表达能力的要求。一方面，辅导员要组织召开班会、年级例会、学生组织大会等；另一方面，辅导员要在各种场合汇报工作、沟通交流。这些都要求辅导员具有表达清晰、逻辑流畅的能力。遇事能办，是对辅导员组织协调能力的要求。一方面，辅导员要解决学生层面的各种疑难杂症；另一方面，辅导员要负责学院及学校层面的各种大型活动、接待任务、后勤保障等。这些都要求辅导员具有不推诿、不畏难的组织协调能力。

要成为"多能"辅导员，就要在学生工作中经受多方面的考验，接受多方面的历练，承受多方面的磨炼，不怕苦、不怕累、多干事、干成事、少抱怨、多行动，把一个个难题当作一次次锻炼的机会，把一项项事务当作一次次提升的机会，把一场场活动当作一次次改进的机会，培养综合素养，提高综合能力。做到这些，才能在辅导员工作中应对自如。

随着高校对学生发展的日益重视，很多高校都专门组建了心理健康中心、生涯发展中心、事务管理中心等部门，精细化管理和专业化指导是学生事务的趋势。为学生提供优质的专业化服务，是考核辅导员工作的重要指标，也是推进高校学生工作高质量发展的重要内容。如果辅导员工作还只停留在处理简单的事务，或是开展校园文化活动，那么辅导员就是普通的事务管理者。要实现对学生的精细化管理和专业化指导，需要教育主管部门针对辅导员队伍进行分类分层的培养，让初级阶段辅导员安心做好日常事务，让中级阶段辅导员寻求发展方向，让高级阶段辅导员开展团队指导，形成队伍的梯队化、事务的分类化、发展的分层化、工作的团队化，使辅导员队伍真正成为一支有力量的团队。每一个辅导员都要具备自己的核心竞争力，才能在专业化和职业化的道路上稳步前进。

辅导员的时空观

（一）时空维度下的工作定位

为什么要做辅导员，或者说选择辅导员这份职业的动机是什么，可能大家的目的和想法不大一样。职业动机的差异，在工作若干年后一定会有所体现，职业的动机在一定程度上也决定了辅导员的职业发展。如果仅仅是出于找到一份工作的兴奋，这份兴奋也许很快就会被忙碌掩盖。如果仅仅是出于在大学工作的骄傲，这份骄傲也许很快就会屈从于现实。

在新入职的辅导员中，很多人有辅导员助理的经历，很多人也有学生干部的经历，这有助于迅速熟悉辅导员工作岗位，快速进入辅导员工作角色，但是这并不意味着能真正适应辅导员工作。在开启辅导员工作之前，必须要认真思考辅导员这份职业的责任，思考在大学中辅导员处于什么地位、发挥什么作用。对辅导员工作要从教育的高度、战略的高度、育人的高度去认识、理解和把握，正所谓，站得高看得远，只有在工作伊始看得远一点，看得深一点，才能够在未来的辅导员工作中规划得更远、考虑得更深，进而掌握辅导员工作的主动权。那么，从空间维度和时间维度来认识辅导员的工作就显得特别有价值。

什么是辅导员要思考的空间维度？简单地说，就是要考虑辅导员工作的空间范围。既然高校辅导员在大学这个空间工作，那么就必须要理解大学的逻辑。大学是什么？大学精神是什么？大学文化是什么？大学的本质又是什么？可能这些问题在学术研究上还有争论，但辅导员作为

辅导员的时空观

大学的工作人员，必须要懂得遵守大学的逻辑。

有人说大学生要学会做人，学会做事，学会学习，学会相处，这个观点很多人都赞同。但是仔细想想，难道大学生在大学之前不是在做人吗？不是在做事吗？在大学里学会做人着重强调的是独立思考、独立生活，成长为一个成熟的个体。但一个人的成长受到家庭、学校、社会等多方面的影响，大学只是其中一个方面。按照陶行知先生的理念，生活即是教育，那么大学生在上大学之前同样是在成长，只不过大学更强调成长的独立性。毕业生们在接受电视台记者关于"大学最遗憾的是什么"采访时，说遗憾没谈恋爱，遗憾没挂科，遗憾没逃课，遗憾种种。虽然学生们的回答很诙谐，但是这些遗憾还真称不上是遗憾。大学里有娱乐，但是大学生活不能娱乐化。

大学的功能包括人才培养、科学研究、社会服务、文化传承创新。对标大学功能的具体内容，可以发现辅导员的很多工作都体现了大学的功能。从根本上讲，大学是公认的学术共同体，科学研究、理论创新、思维碰撞、学术交流，这些是对大学的基本要求。没有学术研究，就不能称之为大学。提高学生的批判能力、表达能力、创新能力、实践能力，都是针对大学的学术性而言的。所以，在大学这个空间维度，辅导员组织学生参加科研创新活动，"挑战杯"、创新创业比赛、学科竞赛，都是从这个角度讲的，这些工作也是培养学生研究能力、动手能力、表达能力的重要内容。同样，辅导员组织开展学风建设、职业生涯规划、科技文化节等校园活动，都为大学生从事学术科研创新活动奠定了基础，体现了大学的学术性。辅导员队伍中流传着这样一句话，"学生做到的我们要先做到"。学生有学霸，辅导员也要有学霸，那么辅导员就要做科研，写文章，发论文。有些辅导员抱怨自己的专业是理工科，不会写思想政治教育方面的论文，和文科专业出身的辅导员相比没有竞争力。在辅导员的专业观中，我们提到，进入辅导员岗位是没有专业门槛的，那么进入辅导员岗位后就不应该再强调专业的差异。在大学这个空间场所里，辅导员从事科学研究是理所当然的。辅导员搞学术、做研究，这个要求在《能力标准》中已经非常明确了。不管是初级、中级还是高级阶段的辅导员，职业能力的最后一项都是理论和实践研究。对不同阶段的辅导员而言，理论研究的要求有所不同，但共同点是辅导员要在工作中研究工作，在工作中研究学生，在工作中研究方法，在工作中掌握学生发展的规律，在工作中掌握学生成长的规律，在工作中掌握教育管理的规律。辅导员不能只埋头于具体事务，一定要研究工作，学会总结，学会提炼，学会升华，使理论研究紧紧依托工作实际，用理论研究指导具体工作，真正做到理论研究和实际行动相辅相成。

什么是辅导员要思考的时间维度？简单来说，就是要思考时代背景和当下坐标。从担心"80后"的"堕落"到担心"90后"的"疯癫"，现在大家对"05后"也有很多担心，就是因为每一代人都有鲜明的特点。新生代的大学生，敢想、敢做、敢说，维权意识很强，利益意识也很强。辅导员要了解工作的对象，熟悉他们的语言，走进他们内心，这也是为什么很多辅导员去拯救沉迷网络游戏的大学生时，都要自己先学会打游戏，要把自己融入学生的生活里。你不会，跟学生就没有共同话题，辅导员工作的时代感非常明显。从时间维度来看，工作对象发生了变化，从而给辅导员带来了新的挑战。举个例子，以往很多班级都有一个不成文的惯例，就是获得奖学金的同学要按照一定比例上交班费，所有人都认为这种做法没毛病。但是现在行不通了，学生的权利意识很强，为什么交？依据在哪里？你再用不成文的惯例来解释，他就不认可了，工作很难做。还有，以前有个别学校的学生会发文要求学生入学时每人交纳会费10元，也收了好多年，没有人认为有什么问题。现在学生写信反映：为什么收？为什么只有学生会可以收？收的钱用到哪里去了？结果学校紧急通知停止收取会费。可见，以往辅导员习以为常的惯例，或许现在行不通了；以往辅导员认可的通行做法，或许现在不管用了。时间维度还带来社会的进步和时代的发展。现在是新媒体时代、互联网时代、大数据时代，网络已经深深地改变了我们的生活。同样，辅导员工作从人人网、博客到QQ再到微信公众号、抖音，技术的每一项进步都深深影响着辅导员的工作方式，影响着辅导员和大学生之间的交流交往方式。技术有两面性，除了给我们的学习生活带来积极变化之外，辅导员更要关注其负面影响,例如部分大学生会沉迷网络游戏,陷入校园贷、网络金融诈骗等困局。在互联网时代,辅导员知道的,学生大多也知道,学生知道的,辅导员却不一定知道。

从时间维度上思考,辅导员一定要紧跟时代步伐,紧跟学生变化,紧跟社会发展,否则就可能会被淘汰。网络思想政治教育已经成为辅导员工作的重要阵地,在传统的主题教育、校园活动、年级大会的基础上,辅导员要更多关注网络、关注舆情、关注热点。大学生是网络的原住民,他们很早就接触网络,习惯于在网络上学习知识、放松娱乐,习惯于在网络上吐槽发声、交友交流,视网络生活和现实生活一样重要,或许比现实生活还要更重要一点。没有网络的大学生活,是当代大学生难以想象的。学生的意见和建议都通过网络表达出来,学生的诉求和困难也通过网络反映出来,如果辅导员不能及时深入网络,不能及时了解网络信息,不能及时进行网络反馈,可能事情就会在网络上不断发酵,造成网络舆情事件。

对时间维度的思考启示辅导员,工作一定要有创新,没有创新就不能吸引人,就没有生命力,就没有凝聚力。创新应该始终是辅导员工作的主题和主线,不论是创新日常管理的形式还是创新主题教育的方式,都要围绕学生特点、围绕学生需求、围绕学生诉求,让创新能够回应学生、回答学生、回馈学生。对时间维度的思考启示辅导员,要增强工作本领,克服本领恐慌,提升职业能力,因为学生越来越聪明、越来越能干,技术更新越来越快、越来越便捷,辅导员的经验在某种程度上就不一定管用。经验毕竟是对过往实践的总结和提炼,随着时间维度的变化,单纯地依靠经验去解决问题,就会陷入老办法不管用、新办法不会用的困局。所以辅导员一定要克服主观主义和经验主义,不要认为工作时间长、资历深、年龄大就具有主动权和话语权,这种想法也许反而会成为辅导员工作的负担,靠经验解决问题在一定程度上已经行不通了。在时间维度的通道上,一切都在快速地变化,如果辅导员不能及时更新知识结构、掌握过硬本领、提升职业能力,那么辅导员在工作中肯定会陷入被动,进而会被淘汰。这是辅导员必须要引起高度关注的问题。

（二）同频共振的成长共同体

　　思考辅导员的时空观，也是对辅导员自身工作的定位和分析。在辅导员群体中，出版个人专著的不在少数，除了专业性的学术著作以外，大多数辅导员都会把与学生相处的点点滴滴，和学生之间的书信往来，有关学生的动人故事、感人事迹等，用文字记录下来整理出版。讲学生故事，聊学生话题，解决学生问题，引导学生发展，疏导学生心理，是这类书籍聚焦的主题。对初级阶段辅导员来说，这些专著能够为他们提供经验介绍，给他们提供具体方法，帮助他们有效应对工作中出现的难题。但是，千万不要忘记辅导员本身也需要研究，辅导员也需要树立成长观，在指导学生发展的同时，辅导员也要规划自己的生涯，研究自己的工作，寻找职业发展的方向，解决职业倦怠问题。在现实生活中，辅导员通过开班会、讲团课、上党课、团体辅导、深度访谈、个别约谈等，在繁杂的学生事务中为学生发展指点迷津、保驾护航。辅导员工作很辛苦，琐事、杂事、急事特别多，但就是再忙、再累、再辛苦，辅导员一刻也不能停止成长，一刻也不能停止发展，一刻也不能停止思考。有的年轻辅导员还没有经历过恋爱，面对学生提出的恋爱困扰，自身都没有经验，又如何解决学生的恋爱矛盾？当然，辅导员可以讲一讲恋爱的理论，但是没有切身的经历，这种恋爱引导就会显得苍白无力。这些就需要我们思考辅导员工作，研究辅导员工作，为辅导员的发展提供经验介绍，给辅导员的发展指明方向，让初级阶段辅导员知道能够做什么，中级阶段辅导员知道如何做，高级阶段辅导员知道为什么做。

　　在现在的时空环境中，辅导员的工作与以往相比发生了很大的变化，工作内容更加繁杂琐碎，工作边界更加模糊不定。举个很简单的例子，20世纪90年代的大学生就业是国家分配，辅导员根本不需要考虑学生的就业问题。现在，辅导员都会关心就业率，因为大学生就业是一项从上到下都非常重视的民生工作。对于自主择业的大学生来说，就业困难、就业困惑、就业规划是经常遇到的问题。辅导员要引导学生尽早开展职业生涯规划，明确发展目标，组织开展就业指导讲座，指导学生制作简历，防止学生陷入就业陷阱，等等，同时还要为学生做好诸如招聘会信息发布、档案邮寄此类具体的就业服务。引导学生树立正确的就业观，提高就业核心竞争力，做好职业生涯规划，是辅导员工作的重要内容。

辅导员工作有两个非常突出的矛盾，一个是高级阶段辅导员的职业能力标准和工作内容的矛盾。通俗来说，就是辅导员已经进入高级阶段，但是还在干初级阶段的工作。这样高级阶段辅导员拥有的优势和价值就无法体现，重复性就成为大家抱怨的重要问题。那么，所谓高级阶段辅导员又有什么存在的意义呢？按照《能力标准》，高级阶段辅导员要侧重于理论研究，成为工作的行家里手，成为团队建设的指导者。但是现实的矛盾在于辅导员处于高级阶段，但是每天仍然做着和初级阶段一样的繁杂事务。当然，这并不是说高级阶段辅导员就不需要做日常事务，而是说高级阶段辅导员的工作内容要更加有所侧重、有所倾向。否则，初级阶段辅导员看到高级阶段辅导员从事的是和自己同样的工作内容，其职业目标期望值可能会降低，职业发展的动力就会不足。当辅导员的学生成为辅导员，或者辅导员学生的学生也成为辅导员的时候，辅导员和自己的学生成为同事，这时候高级阶段辅导员的工作价值又体现在哪里呢？当大家做同样繁杂琐碎的日常工作时，《能力标准》对高级阶段辅导员的界定就显得苍白无力。"高级身份初级活"，这个矛盾让很多辅导员产生倦怠和不满。当然，要解决这个现实存在的矛盾问题，还需要学校层面的体制机制保障。虽然部分高校也在探索辅导员的分类化培养和教育，但是效果并不是非常理想。辅导员受到学校和学院的双重管理，各学院不同的管理方式和要求对辅导员的培养造成一定的影响。如果说学生工作部门站在学校的高度，纵向上统筹辅导员的培养和教育，那么横向上学院层面的管理就使得这种培养遇到障碍和阻力。在部分院系看来，处于高级阶段的辅导员依然还是学院的工作人员，工作重心应该放在学院。单靠处于高级阶段的辅导员个体发挥力量，开展辅导员团队建设和聚焦某一领域的深层次探索是很困难的。另一个矛盾是高级辅导员的职业能力水平和工作要求之间的矛盾。通俗来说，辅导员身份进入了高级阶段,但是能力和水平还没有到达高级阶段,辅导员的工作就显得力不从心。按照《能力标准》的要求,辅导员的资历和工作年限很容易就会到达高级阶段,但是这并不意味着辅导员的职业能力水平就会达到高级阶段。换句话说,年龄达到了高级阶段的要求,但是能力和水平还没有达标,无法满足高级阶段辅导员的工作要求。较高标准的工作要求和辅导员能力水平之间的不匹配,造成辅导员在工作中产生特别强烈的无力感。当然,根据《能力标准》,高级阶段辅导员除了工作年限有明确规定之外,在其他内容方面缺少量化指标,导致高级阶段辅导员的身份确认存在困难。学校在分类培养和教育管理辅导员的过程中,可以进一步细化标准,明确要求,让进入高级阶段的辅导员体现真本领、拿出硬实力,使高级阶段辅导员成为辅导员群体的榜样,真正体现高级阶段辅导员的价值。

在辅导员的时空观中,如何有效避免这两种矛盾,是一个值得探讨的重要话题。从辅导员个体的角度而言,唯有不断提高职业能力,强化理论研究能力,做有理论高度、实践深度的辅导员,才能够在从初级阶段到中高级阶段的发展过程中逐步树立职业自信,做一名专业化和职业化的辅导员。围绕辅导员的职业成长,辅导员要思考如何在专业化和职业化的道路上实现自我成长和学生成长有机结合。辅导员只有在工作中感受到成长,在成长中感受到快乐,在快乐中感受到幸福,在幸福中感受到自信,才能够真正把工作看作一项事业,才能够克服职业倦怠,用真心、爱心、细心,用责任、奉献、担当书写辅导员工作的辉煌篇章。职业成长是一个过程,辅导员要在这个过程中逐步思考成长的方向,寻找成长的方法,探索成长的道路。

在辅导员的时空观中,辅导员和学生始终是一对共同体。学生是辅导员的工作对象,辅导员是学生成长的陪伴者,二者是一种共同进步、相互赋能的关系。在大学生活中,辅导员往往是学生评价最高、感情最深、联系最密切的人,这是对辅导员工作的最大认可。同样,很多辅导员也从学生身上学到新技术、掌握新技能、了解新领域,感受到学生的青春活力,感受到工作的价值和意义。应该说,辅导员从学生工作中除

辅导员的时空观

了收获师生情谊之外，还提升了工作能力，创立了工作品牌，形成了工作特色，这些都是在和学生交流交往中收获的工作成就。可以说，辅导员在成就学生，学生也在成就辅导员。辅导员要指导学生发展，鼓励学生进步，就要成为学生的榜样，鼓励学生进步的同时也要追求自己进步，指导学生发展的同时也要思考自身的成长。给学生树立一个榜样，给学生做好一种示范，这本身就是一种无形的教育。我们经常说，让学生做到的，辅导员自己要先做到，让学生去做的，辅导员要和学生一起做。唯有如此，辅导员在学生心目中才更有地位、更有权威、更有说服力。辅导员和学生一起进步、共同成长，是这份职业给予辅导员的特殊关照，也是这份职业对辅导员的特殊要求，更是这份职业赋予辅导员的宝贵财富。辅导员只有在工作中感受成长、收获成长，才能体会这份职业的幸福，才能增强职业发展的动力，才能真正坚定职业自信。否则，感受不到成长，就算每天感受到快乐，这种幸福也不会长久。辅导员可以感受学生的幸福，但是辅导员的幸福一定要建立在职业成长的基础上，因为只有自我成长带来的幸福才是持久的、稳固的。所以，辅导员工作有很多地方需要思考和反思，这种思考和反思有助于深刻认识辅导员工作的本质，有助于全面把握辅导员工作的精髓，牢固树立辅导员的职业自信。

高校辅导员的成长观

辅导员的团队观

（一）团队建设的重要意义

辅导员需要团队吗？

辅导员团队在哪里？

如何开展辅导员团队建设？

这些是辅导员在职业发展中遇到的极为现实的问题。辅导员是工作个体，更是职业团体。从辅导员队伍建设的角度讲，个体可以通过坚持不懈地努力成长为优秀的辅导员，优秀辅导员还有一个更为重要的使命，就是带领其他辅导员共同成长，建立辅导员职业成长共同体。一枝独秀不是春，百花齐放春满园，这是辅导员队伍建设的内在要求。

为什么辅导员工作需要团队？加强辅导员团队建设是《能力标准》的基本要求。初级阶段辅导员理论和实践研究的能力要求中，明确规定辅导员要"能融入学术团队，运用理论分析、调查研究等方法，归纳分析相关问题"。中级阶段辅导员理论和实践研究的能力要求中，明确规定辅导员要"能领导管理科研项目团队"。高级阶段辅导员的职业标准除了涵盖中级阶段辅导员的职业标准内容外，强调要指导初级、中级阶段辅导员开展相关工作。由此可见，初级阶段辅导员要融入学术团队，找到相应的学术团队，目的在于运用理论分析解决相关问题。理论和实践研究是贯穿辅导员职业能力的主线，理论和实践研究的对象就是包括党团建设、学业指导、心理健康教育在内的辅导员工作内容。也就是说，

辅导员的团队观

理论和实践研究是有明确针对性的,其对象就是辅导员的工作内容。所以,初级阶段辅导员要融入的学术团队,就是要围绕辅导员相关工作组建的学术团队,而并非单纯的学术研究团队。中级阶段辅导员要能领导管理科研项目团队,这里的要求是领导团队和管理团队。和初级阶段辅导员融入团队相比,中级阶段辅导员的责任已经转变为领导和管理。这也就意味着,中级阶段辅导员必须组建科研项目团队,这是《能力标准》的明确要求。和初级阶段辅导员融入的学术团队一样,中级阶段辅导员领导和管理的科研项目团队,其聚焦点也是辅导员的工作内容,也要围绕辅导员的工作内容展开研究。至此,初级阶段辅导员到哪里找学术团队的问题看似已经解决了,那就是中级阶段的辅导员要组建团队,为初级阶段辅导员加入学术团队提供保障。那么,现在的问题是,中级阶段辅导员有没有组建科研项目团队?能不能组建科研项目团队?如果中级阶段辅导员没有组建科研项目团队,那么初级阶段辅导员加入团队的问题还是一个没有解决的问题。从现实情况来看,中级阶段辅导员组建科研项目团队,吸纳初级辅导员加入并共同开展科研项目合作的情况还不是很普遍。

按照《能力标准》的规定,高级阶段辅导员的职业标准涵盖中级阶段辅导员职业标准的相关内容和要求,也就是说,高级阶段辅导员同样有组建科研项目团队的工作要求。同时,高级阶段辅导员还负责指导中级阶段辅导员开展党团建设、学业指导、危机处理和网络思想政治教育等,这种指导在一定意义上就是团队建设。对中高级阶段辅导员来说,组建学术科研团队是《能力标准》中的明确规定,也是衡量和评价中高级阶段辅导员工作质量的一个指标。中高级阶段辅导员,尤其是高级阶段辅导员,担负着指导初级、中级阶段辅导员工作的职责,这种职责本质上就是开展辅导员团队合作的内在体现。

从辅导员个体职业成长的角度讲,加入辅导员团队,是助推辅导员职业发展的重要保障。之所以辅导员可以形成团队,一方面在于辅导员工作的对象是一致的,处理的问题具有相似性,解决的办法具有可复制性。不管是在什么学科背景的院系从事辅导员工作,青年大学生都是生活在同时代的同龄人,他们的身上都具有同龄人的时代特征和群体特点。这是辅导员工作可以相互交流的逻辑起点。在实际工作中,虽然文科、理科、工科、医科等不同学科专业的大学生思维方式、性格特质稍有不同,但是青年学生在大学生活中遇到的问题具有相似性。从问题类型上来看,大概包括学业问题、生活问题、心理问题、就业问题、情感问题、人际交往问题等。这些问题都是大学生在成长中遇到的烦恼,虽然具体情形各不相同,但在性质上是属于同类的。这也是辅导员开展交流研讨的前提。那么,在对同类问题的解决上,优秀辅导员的做法就值得借鉴,形成可学习、可复制、可推广的经验。对初级阶段辅导员来说,其工作中遇到的问题中高级阶段辅导员可能已经处理过很多次,具有相应的经验,那么初级阶段辅导员就可以少走弯路、少犯错误、少绕圈子。而初级阶段辅导员向中高级阶段辅导员学习的常态化和规范化,实质上就是辅导员团队建设。之所以辅导员可以形成团队,是因为辅导员实现领域聚焦、明确发展方向后,在同一职业领域具有形成团队的共识性。如果说处理学生共性问题、提高工作效率和质量是辅导员形成团队的前提基础,那么,辅导员聚焦职业领域、提升职业能力就是辅导员形成团队的内在动力。在辅导员的专业观和辅导员的发展观中,我们多次讨论了辅导员领域聚焦的话题。在辅导员职业发展的过程中,从初级阶段辅导员晋升中高级阶段辅导员,领域聚焦是辅导员职业成长的重要突破点,是破解职业和专业矛盾的重要着力点,是辅导员深化职业能力的重要切入点,是辅导员体现职业价值和发挥职业优势的重要依托点。可以说,优秀的辅导员一定是在工作领域聚焦、主攻方向明确、发展目标坚定的基础上不断成长成熟起来的。当更多的辅导员进入高级阶段,也就意味着在同一领域会有更多的研究人员,辅导员在同一研究领域不断聚集,无形中也促进了辅导员团队的形成。换句话说,如果辅导员都能够在领域聚焦中实现职业成长,那么某一领域的辅导员团队也就自然而然地形成了。在同一职业领域,志同道合的辅导员会自然走到一起,强化合作,推动团队建设。诚然,这是一种理想的状态。现实中,大部分辅导员在进入高级阶段以后,并没有实现领域聚焦,也没有在某一领域深耕钻研,而是在不断重复的日常事务中履行管理者和教育者的责任。

辅导员工作需要团队，这是毋庸置疑的。不论是《能力标准》的规定，还是辅导员职业成长的现实需要，团队是辅导员提升职业能力、强化职业荣誉的重要载体。团队建设是辅导员个体职业发展的重要推动力，也是高校加强辅导员队伍建设的重要内容，对辅导员专业化和职业化发展具有重要的意义。

（二）团队建设的三种模式

如果认可辅导员团队建设的重要性，那么又该如何加强辅导员团队建设呢？在现有的学生工作格局中，辅导员团队建设大概有三条路径。

第一条路径是依托优秀辅导员成立工作室，开展团队合作与建设。实际上，很多高校已经开始了行动，支持高校辅导员年度人物、最美辅导员等成立工作室，探索辅导员团队化建设，可以称之为工作室模式。依托工作室开展辅导员团队化建设，首先，要有牵头主导、能力突出、乐于奉献的辅导员带头人。在辅导员职业成长过程中，以辅导员年度人物和最美辅导员为代表的优秀个体，长期奋战在辅导员工作一线，他们热爱教育，热爱学生，兢兢业业，勇于探索，矢志不渝，敢于创新，取得了优秀的成绩和宝贵的经验。从辅导员队伍建设的角度讲，一个学校产生一个优秀的辅导员年度人物，就要充分发挥其带动作用和示范作用，从而带动培养一批更加优秀的辅导员，同时激发辅导员队伍的整体活力。如果学校只是把培养出的辅导员年度人物个体作为一种荣誉在宣传，作为一种成绩在炫耀，没有发挥优秀辅导员的引领作用，那么实际上就错失了辅导员队伍建设的良机。如果说部分辅导员年度人物个体的出现是由于辅导员个体的不懈努力和工作积累，那么当一个学校产生了辅导员年度人物之后，就应该从辅导员队伍建设的高度重视加强辅导员团队建设，实现辅导员年度人物从个体化突破到团队化建设。在辅导员年度人物身上，有宝贵的探索经验、可贵的创新品质、独到的心得体会，这些都是辅导员团队建设的宝贵精神财富。发挥这些精神财富的价值，可以有效推动辅导员团队化建设。其次，工作室要有明确的发展方向和培养目标。依托辅导员工作室开展团队化建设，要明确工作室的发展定位，确定工作室的重点方向，引导团队成员逐步明确职业发展目标，带领团队在理论研究上形成学术成果，在实践探索上形成典型案例。辅导员工作室在建立初期就要确定团队的主攻方向，不能面面俱到，要实现工作室的有效聚焦。实际上，如果依托优秀辅导员成立辅导员工作室，那么优秀辅导员的优势所在、特色所在、特长所在就是工作室的发展方向。优秀辅导员的成功，一定是在职业领域的聚焦中实现突破，一定是在工作内容的特色中实现创新。优秀辅导员的成长规律也决定了辅导员工作室的发展轨迹，也就是在优秀辅导员最擅长、最具特色的职业领域，通过工作室助推团队成长，让更多的辅导员在某一领域实现职业成长。换句话说，当依托优秀辅导员成立辅导员工作室的时候，要思考如何才能吸纳真正志同道合的团队成员。只有认同辅导员工作室的发展方向，愿意在同一领域内追求进步的辅导员，才能自觉自愿地加入辅导员工作室，这样也解决了辅导员工作室团队成员的动机问题。如果对辅导员工作室的发展方向和主要内容不感兴趣，进入工作室之后没有目标、缺乏动力，那么辅导员在工作室中就很难有收获，很难有成长，也很难持久。最后，工作室要有资源的投入和外部的交流。一般情况下，高校都会对辅导员工作室给予一定的经费支持、场地保障等，推动辅导员工作室的正常运行。除此之外，高校学生工作部门要对辅导员工作室给予资源的投入和平台的搭建。虽然辅导员工作室本身是一个平台，但是限于资源的有限性和平台的层级性，高校学生工作部门要立足于支持辅导员队伍建设，把辅导员工作室与学校层级的资源和平台有效链接。没有资源，辅导员工作室难以做大做强；没有平台，辅导员工作室难以发挥作用。学校依托辅导员工作室开展团队化建设既要搭台子，又要给资源，从而保障辅导员团队化建设在学校的引领下有序推进。比如，有的高校立足辅导员工作室开展网络思想政治教育的优势，委托辅导员工作室承担全校层面的网络文化活动，策划网络文化比赛，推介网络文化作品，组织网络文化活动，优化网络阵地建设，等等。这样做既能够发挥辅导员工作室在网络思想政治教育方面的优势,又能够完成学校网络文化主题活动任务,实现了学校对辅导员工作室的资源下沉、经费下沉、力量下沉,形成辅导员工作室和学校思想政治工作共赢共利的格局。外部的交流,是指辅导员工作室要走出校门,跨越地区,与省内外的辅导员工作室开展深度交流,实现联合共建。辅导员工作室不能封闭运行,要扩展视野,打开格局,学习借鉴省内外优秀辅导员工作室的经验。通过互通有无、互学互鉴、定期交流,把辅导员工作室打造成为辅导员队伍建设的品牌,打造成为辅导员职业成长的航空母舰,为辅导员团队化建设提供重要保障和有力支撑。

第二条路径是依托院系党委副书记开展所在院系的辅导员团队建设。院系党委副书记是院系学生工作的分管领导,是辅导员工作的直接领导者,负责所在院系学生工作的整体谋划,其和所在院系的辅导员构成天然的辅导员团队,可以称之为院系模式。相较于工作室模式,通过院系模式开展辅导员团队建设具有鲜明的优势和工作特色。首先是组织优势。从工作关系角度讲,院系党委副书记是辅导员的分管领导,二者是上下级关系;从工作内容角度讲,院系党委副书记和辅导员肩负着同样的工作任务,即解决学生问题、指导学生发展,二者都是学生工作的管理者;从工作对象角度讲,院系党委副书记和辅导员都面向学生群体,二者都是学生成长的陪伴者和思想引领者。所以说,对辅导员而言,院系党委副书记是直属领导,也是工作同事,更是学生工作共同体成员。在高校统计一线辅导员的人数时,院系党委副书记也归属于一线辅导员范畴。从一定意义上讲,院系辅导员和分管领导本身就是一个学生工作团队。一个院系的学生工作团队,有明确的领导,有固定的成员,有工作的对象,团队关系紧密,协作配合密切,具备了辅导员团队建设的基本要素。这是天然的辅导员团队,组织成本低,组织效率高,组织优势显著,是高校开展辅导员队伍建设的有力抓手。其次是整合优势。在院系学生工作中,各辅导员负责不同的年级,指导不同的学生组织,工作内容略有侧重,这本身也是基于学生工作整体进行的有效分工协作。从辅导员工作内容来看,党团建设、学业指导、职业生涯规划、心理辅导、困难资助等都贯穿各年级的所有学生，也就使得辅导员们的工作虽有分工侧重，但是工作的主线始终如一。在同一院系，相同的学科背景、专业特点、平台资源、学生群体和师资优势，为辅导员结合院系专业开展思想政治教育和进行工作创新提供了同一舞台，这是辅导员开展团队化建设的重要支撑。同一院系的辅导员处于同样的空间场域，面对同样的学生群体，拥有同样的资源平台，具有开展辅导员团队化建设的巨大优势。在院系党委副书记的统一领导下，整个院系坚持学生工作一盘棋，探索专业教育和思想教育相结合的有效路径，对学生工作进行整体规划，统筹学生活动资源，如此能够解决辅导员职业化和专业化的矛盾，增强辅导员职业成就感，缓解辅导员职业倦怠，为辅导员创新工作品牌提供动力和保障。最后是情感优势。院系辅导员朝夕相处、团结合作，是工作中的好同事，生活中的好朋友。院系辅导员在工作中相互信任、相互尊重、相互补台、相互赋能，共同完成院系学生工作的各项要求。对院系辅导员来说，彼此相互熟悉、相互了解，为了完成院系学生工作的共同目标，彼此之间沟通顺畅、信息共享、合作顺利，具有辅导员团队化建设的情感基础。在平时工作中，院系辅导员就是心往一处想，劲往一处使，目标一致，行动一致，夯实了辅导员团队化建设的情感基础。以院系模式来推动辅导员团队化建设，对院系党委副书记提出了较高的工作要求。院系党委副书记是院系学生工作的分管领导，更是院系辅导员团队建设的领导者，除了完成学生工作的基本内容以外，必须要思考如何推进辅导员团队化建设，促进辅导员个体的职业发展，带领辅导员共同进步，实现辅导员个体职业成长和院系学生工作发展共同进步，以团队化建设推动辅导员工作。

当然，以院系模式开展辅导员团队化建设只是具有一定的可行性。在现实生活中，由于各种因素的影响，院系模式并没有太多的成功案例，大多数院系的辅导员之间只是基于任务的内部分工，基于情感的内部交流，基于目标的内部协同，并没有形成团队化的工作思路、发展方向和显著成效，在这方面还有很大的空间值得探索。

第三条路径是依托学校对辅导员队伍的分类化培养开展辅导员团队

辅导员的团队观

建设。对于学校学生工作主管部门而言,辅导员团队化建设是辅导员队伍建设的重要组成内容,是辅导员队伍建设的有效抓手。学校在推进辅导员分类化培养中实现辅导员团队化建设,可以称之为培养模式。事实上,很多高校已经实施了辅导员的分类化培养,强化了辅导员队伍建设,有效提升了辅导员职业能力。开展辅导员分类化培养,是基于辅导员职业能力的现实要求。在辅导员实际工作中,辅导员需要具备的职业能力,就是要完成思想政治教育、党团和班级建设、学业指导、日常事务管理、心理健康教育与咨询、网络思想政治教育、危机事件应对、职业规划与就业指导等工作。对辅导员队伍来说,职业能力的要求是明确的,职业能力的内容是明确的,职业能力的标准是明确的,这种职业能力具有共通性和普遍性。按照"一专多能"的发展要求,辅导员必须具备上述所有基本职业能力,而不是掌握其中的部分能力即可。既然对辅导员职业能力的要求是一致的,那么学校对辅导员职业能力的培养就具有共通性。学校一般都会对辅导员开展专题式的职业能力培训,每次培训都围绕特定主题,聚焦某一项职业能力开展专题培训,以提升辅导员在某一方面的职业能力。开展辅导员分类化培养,是基于辅导员职业发展的成长需求。如果说学校对辅导员开展专题式培训是为了提升辅导员职业能力,从而提高辅导员工作水平,那么,从辅导员职业发展的角度看,分类化培养是辅导员职业成长的重要契机。实际上,从国家到省(区、市)再到学校,都建立了相对完整的辅导员培训体系,为辅导员职业发展提供了重要保障和方向导航。对辅导员来说,要珍惜每次培训的机会,认真学习培训内容,在此基础上不断反思自身工作,明确职业成长方向。辅导员的职业发展必须聚焦领域,实现"一专多能"的发展。辅导员要在工作实践中思考自身成长,要在工作实践中认清自身优势,从而明确自身成长的突破点,找到前进的方向,这是一个需要不断探索的过程,也是一个需要时间磨砺的过程,更是一个不能停止思考和反思的过程。学校对辅导员分类化培养其实就是引导辅导员在分类化培养中思考工作方向,寻找职业兴趣点,发掘职业潜力。辅导员要利用好每一次培训、讲座、交流的机会,逐步明确自身发展的目标。分类化培养既能够加强辅导员职业能力建设,也能够为辅导员探索职业成长点提供机会,更能够为辅导员寻找志同道合的团队成员提供保障。在学校分类化培养中,辅导员可以根据自身的兴趣、特长等因素,探索职业聚焦领域,逐步确定"一专"的目标,逐步确定发展方向,逐步坚定职业自信。

当然,分类化培养并不等同于团队化建设,分类化培养只是团队化建设的基础,为团队化建设提供了一种可能性。并不是说对辅导员进行了分类化培养,就自动实现了辅导员团队化建设。各个高校基本上都会围绕辅导员工作开展分类培训交流,其实这只是分类化培养的一个环节。辅导员分类化培养是加强辅导员队伍建设的常态化工作,如果要将辅导员分类化培养转化为辅导员团队化建设,就要注重分类化培养的系统性建设,具体包括以下三个方面。

一是方向选择。分类化培养的最终目标是建设辅导员团队,在这个过程中,分类化培养的直接目标就是引导辅导员进行职业方向选择。分类其实就是不同的发展方向,如果进行分类化培养但不进行职业方向选择,实际上是没有意义的。只有在分类化培养的基础上,引导辅导员进行职业方向选择,才能为下一步辅导员团队建设提供人员支持。辅导员团队建设的成员从哪里来呢?其实就是在分类化培养中按照职业方向将辅导员逐步筛选出来,这是一项基础性工作。当然,这个过程可能会存在反复,辅导员在选择职业方向时存在各种不确定性,会出现重新选择的情况,学校对这种情况要宽容对待,因为只有辅导员坚定所选方向就是未来的奋斗方向,其才有强劲的职业发展动力。

二是资源联动。当辅导员在分类化培养中逐步确定了职业发展方向,学校要按照职业方向开展团队建设,通过资源联动强化团队归属感。如果说辅导员选择了职业方向,但是相关的资源投入、经费保障不到位的话,这种方向选择就失去了意义。比如,学校在组织辅导员参加相关专题式培训时,可以按照辅导员所选择的职业方向进行定向通知,按照职业发展方向组织辅导员开展互动交流、咨询研讨等活动,从而强化辅导员在该职业方向上的主动思考。同时,学校在推荐辅导员参加省级以上相关培训时,要推荐符合培训主题方向的辅导员参与,强化辅导员对职业发展方向的敏感性。此外，学校还可以设立与职业方向相关的科研项目，鼓励该方向的辅导员联合开展课题申报和理论研究。在辅导员队伍建设过程中，学校要按照职业方向进行资源投入、政策倾斜，按照职业方向进行人才培养、能力锻炼，形成鲜明的职业发展导向，引导辅导员提高对职业发展方向的理解，使辅导员深刻认识到，只有明确职业发展方向，才能获得更多、更优质的学习资源，才能在辅导员工作中收获更多、成长更快、发展更好。

三是品牌塑造。经过方向选择和资源联动，辅导员应该已经能够认识到确定职业方向的重要性。在人员相对稳定的状态下，学校要加强团队的组织力建设，打造团队工作品牌，增强辅导员团队的凝聚力。可以说，经过方向选择和资源联动，潜在的辅导员团队已经形成了，但是要推进辅导员团队的实质化建设，就必须思考团队的工作特色，形成团队的工作亮点，打造出具有示范引领性和实践借鉴性的工作品牌。换句话说，辅导员团队要围绕职业方向打造自己的"拳头产品"，在理论研究上有成果，在实践探索上有成绩，在人才培养上有成效，使得辅导员团队既能够出成果，又能够出经验，既能够出成绩，又能够出人才，培养更多的优秀辅导员，造就更多的优秀青年学子。

高校辅导员的成长观

辅导员的平台观

（一）职业发展平台概览

对于任何一个职业来说，事业的发展都需要平台的支撑和保障，良好的平台是促进事业不断进步的外部动力。平台越高，资源越多，信息越多，视野越宽，格局越大。对辅导员来说，推进自身的专业化和职业化也离不开平台，我们要重视辅导员的发展平台，了解目前现有的各种发展平台，充分有效利用这些平台，通过这些平台真正促进职业发展和职业成长。

对高职高专和本科高校的辅导员来说，大家所在的工作单位本身就是平台，这种平台本身的差异也意味着不同类型高校的辅导员面对的资源、机会等各方面是不同的，这在一定程度上造成辅导员群体专业化和职业化的不同路径和多样选择。因此，不能笼统地分析辅导员的专业化和职业化发展，而要根据不同类型高校的特点提出具有针对性和有效性的建议与方案，可以通过研究各大高校涌现出的不同类型优秀辅导员的成长路径，提出具有实操性和借鉴性的办法和举措。但有一点是共通的，就是要树立正确的辅导员职业发展平台观，理性看待辅导员发展的各种平台，充分有效利用平台提供的各种资源和机会。最起码，辅导员要知道职业发展有哪些平台？如何去有效利用这些平台？这是辅导员职业发展的常识性内容，对一个致力于在辅导员岗位上积极进取、奋发有为的人来讲是必须要了解和掌握的。

辅导员的平台观

辅导员的发展平台可以简单概括为内外两个层面。在内部层面，辅导员的发展平台是学院、学校层面搭建的各种平台以及制定的各种政策和提供的各种资源，这种平台是面向一所高校内部全体辅导员的。在外部层面，辅导员的发展平台又可以分为省级平台和国家级平台，省级平台是一省之内搭建的辅导员发展载体、提供的发展机会和政策导向，国家级平台则主要是教育部面向全国高校辅导员提供的培训、进修、交流、深造等各方面的平台。

也有人认为辅导员的发展平台还应该包括学校的行政管理岗位和校级平台，通俗来说就是转岗到学校机关部门工作。是否转为行政管理岗也成为很多辅导员在职业生涯中面临的重要抉择。在有些高校，行政管理岗位成为辅导员晋升发展的重要平台，其岗位本身比辅导员岗位更受重视、更有吸引力，如果辅导员能够转到行政管理岗位，也意味着受到一定程度的重视和提拔。辅导员转岗到行政管理部门，再也不用保持手机24小时开机状态，再也不用担心半夜三更的电话铃声，再也不用整天忙于处理学生的繁杂事务，有的辅导员把这种状态视为一种解脱，心里会产生一种脱离苦海的愉悦。在有些高校，辅导员的岗位晋升都要先转岗到行政管理部门，这已经成为一种不成文的惯例。岗位性质不同，工作内容不同，职责要求不同，多岗位的锻炼确实能够提高工作的综合能力。从现实情况来看，每年都有辅导员转到行政管理岗位工作，体验机关部门工作的特点，使自身的综合素质、协调能力和运筹帷幄能力得到锻炼，加强自身工作的严谨性和细致性，加强对工作全局的把握和理解。

辅导员在转岗到行政管理岗位以后，有的经过几年的锻炼培养被提拔为分管学生工作的领导，又重新回到辅导员工作队伍，有的辅导员转岗以后则永远脱离了辅导员队伍。谁也无法保证转岗是暂时的离开抑或永久地告别辅导员队伍。从辅导员专业化和职业化发展的角度来讲，行政管理岗位只是为辅导员的发展提供了一种机会或者说选择，至于这种机会或选择会在多大程度上促进辅导员自身的专业化和职业化则存在很多变数。当然这里也涉及另外一个问题，就是对于学校而言，如何发挥这些曾经在辅导员岗位上工作过的人的作用？如何使这些人通过适当的渠道和形式参与学生工作，使他们在学生工作中的经历和经验转化为助推辅导员发展的外部力量。在现实生活中，随着辅导员的工作年限、资历的增长，辅导员都会面临岗位的调整和身份的变化，目前终身化的辅导员还不是很现实。这也是辅导员职业化面临的困境所在。虽然职业化之路并不意味着要做一辈子的辅导员，但是相对其他职业的发展，辅导员的非终身化就导致非职业化，使辅导员发展的职业化困难重重。对于任何一个职业来说，职位的变迁和流动都是正常现象，多岗位的锻炼和流动可以丰富职业阅历，提高综合能力。从岗位流动的角度来讲，辅导员的队伍建设永远是相对稳定的，保持一定的合理流动是激发辅导员队伍活力的必要举措。

作为一名辅导员，在做好学生日常事务工作和开展思想政治教育工作的过程中，必须要了解和熟悉现有的各种平台载体，明确自身发展的目标和方向。在很多情况下，辅导员并不是不想发展，而是整天埋头于工作，忙忙碌碌，不了解学校现有的面向辅导员的发展平台、政策、文件等。辅导员在工作忙碌之余找不到发展方向，感受不到职业收获，职业倦怠感就油然而生。当然，这里面有一个信息传递的问题，也是值得学校层面思考的一个问题，就是如何有效地开展辅导员培训，提高辅导员培训的质量，增强辅导员培训的针对性和实效性，既能让辅导员掌握基本的业务知识，提高日常业务管理能力，又能激发辅导员对本职工作和未来发展的思考。而现在的各种培训，对辅导员发展问题关注比较少，或者说没有引起辅导员群体的足够重视。对学校主管部门来讲，辅导员队伍建设的重要内容就是要让辅导员队伍保持活力、充满动力，而这种活力和动力则来源于辅导员的发展平台。

辅导员攻读博士学位，是辅导员职业发展的一项重要内容。那么，辅导员攻读博士学位有什么平台？对于在拥有博士点高校工作的辅导员来讲，他们有直接的优势和便利，可以选择在工作的高校攻读博士学位。而在其他高校，尤其是在高职高专工作的辅导员，他们应该通过什么途径攻读博士学位呢？教育部高校思想政治工作骨干在职攻读博士学位专

辅导员的平台观

项计划（简称"博士专项计划"），就是广大辅导员选择攻读博士学位的发展平台。按照教育部的规定，博士专项计划是定向培养招生，有报考资格的是包括辅导员在内的专职从事高校党务或思想政治工作的在职在岗人员。报考的基本条件包括专职从事高校党务或思想政治工作满3年，且具有硕士学位，本科、硕士所学专业不受限制，年龄不超过45周岁。博士专项计划包括马克思主义理论、党史党建、心理学、管理学、国家安全学等相关专业。

从博士专项计划可以看到，相关的基本条件并不难达到，只要年龄不超过限制，工作满3年就可以报考。当然，这只是基本条件，根据近年来博士专项计划报名和录取情况来看，竞争是相当激烈的。平台已有，通道已开，作为辅导员如果有志于通过博士专项计划攻读博士学位，就要早下决心、早做准备、早点积累。根据有博士专项计划招生资格的某高校发布的《博士招生考试综合考核工作办法》，其综合考核采取笔试、面试相结合的形式。笔试主要考查专业理论知识水平，满分为100分，60分及以上为合格，不合格者不予录取。笔试成绩占综合考核成绩的30%。面试重点考查考生攻读博士学位的目的、科研兴趣和态度、外语听说应用能力、语言表达与逻辑思维能力、科研潜质与创新能力以及对本学科前沿领域及最新研究动态的掌握情况，同时考核考生的思想政治素质与品德、心理健康等，满分为100分，60分及以上为合格，不合格者不予录取。面试成绩占综合考核成绩的70%。该高校发布的《博士研究生招生实施细则》规定，通过博士专项计划获得博士学位的要求包括以下内容：以第一作者身份至少发表1篇与高校思想政治工作相关的核心期刊论文（北大核心），或主持厅级以上（含厅级）教研项目，或获厅级及以上教研成果奖二等奖以上（含二等奖）奖励（论文、项目、奖励须与思想政治工作相关）。

所以，立志通过博士专项计划攻读博士学位的辅导员，要对标招生具体要求，在满足基本条件的同时，注重学术积累，了解学术研究前沿动态信息，围绕研究领域积极撰写学术文章，申请相关课题。这既能体现辅导员工作理论研究的实际需求，也为攻读博士学位奠定坚实的学术基础，增强在博士录取竞争中的优势。

为培育一批高校思想政治工作骨干力量，教育部设立了高校思想政治工作中青年骨干队伍建设项目。根据《高校思想政治工作中青年骨干队伍建设项目管理办法（试行）》，高校党政干部和共青团干部、辅导员、班主任、心理健康教育教师、网络文化建设管理干部等人员在工作满3年、年龄不超过45周岁的情况下都可以申报，教育部给予入选者每人一次性20万元经费支持。根据上述管理办法，辅导员要有深厚的马克思主义理论功底，扎实推进马克思主义理论学习研究，能够有效开展理论宣传阐释；在工作实效方面，要积极探索一体化育人体系，创造具有引领示范作用的典型做法和经验，在制度体系建设、工作项目设计、内容形式拓展、手段载体丰富、方法路径创新等方面取得突出成绩；同时要强化团队建设，培养后备人才。

立志于从事高校思想政治工作的辅导员，要想在高层次平台上取得发展和突破，必须要在思想政治工作中形成先进经验和典型做法，必须要在思想政治工作中打造品牌和特色，必须要在思想政治工作中加强团队建设。在辅导员的团队观中我们提出加强团队建设的三种路径，对申报高校思想政治工作中青年骨干队伍建设项目来说，团队建设是其中的一项基本要求，也是对优秀辅导员提出的一种期望。优秀辅导员要在自身优秀的基础上，加强队伍建设，强化团队合作，实现个体和群体的共同进步，这是优秀辅导员的责任，也是优秀辅导员的担当。这需要辅导员的长期积累和不断创新探索。没有长期的工作经验和丰富积累，不可能形成具有一定影响力的思想政治工作品牌。教育部每年从全国遴选10名思政工作干部开展该项目，可见该项目的含金量之高、地位之高。面对如此高端的平台，辅导员唯有锚定目标，保持定力，不断创新，持续探索，才可能实现职业发展的突破。

"高校辅导员年度人物"和"最美高校辅导员"推选展示，既是辅导员的职业荣誉，更是辅导员职业发展的平台。"高校辅导员年度人物"和"最美高校辅导员"是辅导员队伍中的优秀榜样，他们的事迹成为广大辅导员可学习、可复制、可借鉴从而提高思想政治工作质量的重要内容。正是基于这种考虑，笔者准备采访曾获得江苏省及其他一些省市"高校辅导员年度人物"和"最美辅导员"荣誉的代表，他们在辅导员岗位上做出了优异成绩，都有各自的工作特色和亮点，希望在与他们的对话交流中，能够挖掘出对高校辅导员具有示范引领和复制借鉴价值的成长资源。

参与评选"高校辅导员年度人物"和"最美高校辅导员"的基本条件是连续从事辅导员工作满5年，这个时间条件并不难达到。辅导员不管是申请博士专项计划还是申请高校思想政治工作中青年骨干队伍建设项目，都要求工作3年以上。按照辅导员职业能力标准的划分，3年是初级阶段辅导员和中级阶段辅导员的分界线，工作年限满5年就进入了辅导员的高级阶段。这和前面我们讨论的辅导员职业发展导向是一样的，从初级阶段到中级阶段再到高级阶段，辅导员必须要在每一个阶段思考下一阶段的工作重点和努力方向。工作时间满3年的要求，实际上就启示辅导员，必须要在跨入中级阶段的时间节点上思考发展方向，明确发展目标，探索工作特色，形成亮点品牌。目前绝大多数初级阶段辅导员还只是停留在重复简单的工作上，满足于完成基本的工作任务，对工作缺乏深入思考和长远规划，等出现职业倦怠的时候，就会手足无策，显得非常被动。辅导员要做工作上的暖心人，事业上的有心人，不仅要指导学生开展职业生涯规划，辅助学生成长，更要学会开展自身的职业生涯规划，实现与学生共同成长。

所以，辅导员工作需要踏实的努力，更需要创新的探索，需要勤勉的态度，更需要战略的规划，需要温情的陪伴，更需要深度的思考。只有在工作中思考工作，在思考中创新工作，在创新中总结经验，在总结中谋划未来，辅导员职业的幸福感和荣誉感才会持久。

如果辅导员立志于成长为优秀辅导员，就要从"高校辅导员年度人物"和"最美高校辅导员"的事迹中总结经验，发掘规律，完善自身。心中有目标，行动就有力量。按照"高校辅导员年度人物"和"最美高校辅导员"评选标准，辅导员要在以下方面取得显著成绩：一是在专业化和职业化成长发展方面取得突出成果；二是开展学生日常思想政治教育和管理工作有特色、有亮点、有创新，得到学生广泛认可；三是能够切实加强对学生的思想引导、情感疏导、学习辅导、行为教导、就业指导，帮助学生成为能够担当民族复兴大任的时代新人；四是担任省级或校级辅导员工作室主持人，能够发挥自身工作优势和科学研究专长，引领带动一批辅导员成长发展，在全国范围、所在区域及所在学校内起到示范作用，推动高校思想政治工作提质增效，示范作用显著。

　　辅导员要想站到全国的发展平台，不下苦功夫很难成功，没有真本领很难成功，没有硬实力很难成功。首先，在专业化和职业化成长发展方面要下苦功夫。前面我们讨论了辅导员的专业观、发展观，归根到底就是辅导员的成长观，这种成长的导向就是专业化和职业化。具体的发展路径在辅导员的专业观和辅导员的发展观中已经进行了探讨，关键是行动。辅导员要在专业化和职业化发展的导向下，锚定发展目标，探索发展路径，实现职业成长。其次，在日常思想政治教育和管理工作方面要有真本领。我们多次强调日常思想政治教育和管理工作是辅导员工作的基础，是辅导员工作的基本功。面对繁琐的日常事务，用心思考就会发现，勇于探索就有创新空间，坚持不懈就有特色。辅导员要重视日常思想政治教育和管理工作，把日常事务工作看作创新的起点，不断积累日常事务工作的经验，在平凡的工作中做出特色、形成亮点。换句话说，辅导员要在日常事务管理上有方法。面对不同年级的学生，面对不同类型的学生，面对不同问题的学生，辅导员要在繁琐的日常事务中找到问题症结，具体问题具体分析，不能套用一个方法，不能依靠传统惯例，不能形成路径依赖。在此基础上，辅导员要创新思路，探索新法，在日常思想政治教育和管理工作中取得实效，赢取学生信任。最后，在思想引导、情感疏导、学习辅导、行为教导、就业指导方面要有硬实力。辅导员是担负教育学生成为能够担当民族复兴大任的时代新人的重任的一份子，使命光荣，责任重大。辅导员如果没有硬实力，就不可能实现对学生的思想引导、情感疏导、学习辅导、行为教导、就业指导。换句话说，辅导员要重视育人实效，在工作中强化育人导向，以育人实效衡量工作，以育人实效检验工作,以育人实效评价工作,使学生得到全面的成长和进步。学生成长的每一个方面都需要辅导员加强学习,提高本领,强化能力,真正成为学生健康成长的陪伴者和成长成才的人生导师。优秀辅导员一定要发挥示范作用,引领带动更多辅导员一起成长,共同进步,助力辅导员团队化建设,推动辅导员队伍真正发展成为职业成长共同体。

(二)高校辅导员素质能力大赛透视

当前,"高校辅导员素质能力大赛"已经成为辅导员职业发展的重要平台,成为高校辅导员不断提升理论水平、职业能力和专业素养的重要载体,受到辅导员群体的广泛关注和积极参与。

2012年,第一届全国高校辅导员职业技能竞赛成功举办,2013年,大赛更名为"第二届全国高校辅导员职业能力大赛",从"职业技能"到"职业能力",更加突出辅导员职业的能力综合性。2018年,大赛更名为"第七届全国高校辅导员素质能力大赛",从"职业能力"到"素质能力",更加突出辅导员职业的素质导向性。该大赛现已经成为全国辅导员队伍沟通思想、交流工作、展示水平、树立形象的平台和舞台,加深了全社会对辅导员的了解和认同,同时也深化了辅导员队伍的自我认同和职业归属,极大促进了辅导员的专业化和职业化发展。

目前各高校对辅导员素质能力大赛都十分重视,纷纷开展辅导员素质能力大赛的学习培训,举办辅导员素质能力大赛的交流论坛,组织校级层面的辅导员素质能力大赛,通过大赛实现以赛代训,以赛促学,以赛提质,以赛创优,形成了省(区、市)赛、全国赛相对完善的比赛层级,该赛事已成为加强辅导员队伍建设的重要载体和平台。

举办辅导员素质能力大赛的目的在于通过比赛促进工作,做到比赛和工作的相互融合,而不是单纯地就比赛谈比赛。如果仅仅着眼于让辅导员在比赛中掌握各种所谓的技巧、套路等,辅导员素质能力比赛就会丧失自身的生命力和持续力,也会降低比赛的影响力和认同感。现阶段,部分辅导员素质能力比赛的指导手册显然脱离了比赛初衷,仅仅是传授各种工具性的技巧和方法，体现了比赛的功利主义和实用主义，无法真正指导辅导员提高素质能力。我们并不反对在比赛中使用各种技巧和方法，这是在比赛中取得好成绩的重要因素，但是从辅导员素质能力比赛的最终目的来讲，我们更希望从辅导员工作的角度开展指导，这种指导不仅能够让辅导员在比赛中取得好成绩，也能够在现实中促进辅导员的日常工作，实现理论指导和实践指导的有机结合。在谈心谈话的比赛环节，既要体现谈心谈话的技巧，落实谈真心、话真情的目标，又要让辅导员从思想政治教育的高度领会谈心谈话的重要性，认识到谈心谈话是开展思想政治教育的重要抓手，是开展思想引导的重要平台。诚然，在谈心谈话方面有一些技巧，能够充分反映辅导员在开展谈心谈话上的综合能力。但是在比赛中，很多辅导员在谈心谈话环节过于重视比赛效果，态度很谦和，口气很谦卑，方法很诱人，双方很满意，往往给人作秀的感觉。当然，谈心谈话中的比赛技巧可以运用到实际的工作中，但是我们也知道一次谈心谈话不可能解决所有问题，否则思想政治工作也太容易做了。辅导员要从每次不同问题的谈心谈话中总结经验，提炼做法，形成具有自身风格特色的谈心谈话模式。

辅导员素质能力大赛的项目都是辅导员日常所开展的具体工作，比赛的成绩能够真实反映辅导员的日常工作状态和处理复杂事务的工作水平。辅导员素质能力大赛本身就是辅导员专业化和职业化发展的重要平台之一。一方面，比赛能够促进辅导员加强理论学习。作为大学生思想政治教育的骨干力量，辅导员必须掌握马克思主义理论，提高马克思主义理论素养，能够运用马克思主义的立场、观点和方法看待问题和处理问题，能够以马克思主义理论回应各种社会思潮，引导大学生树立社会主义核心价值观。辅导员要做大学生思想问题的解惑者，必须努力学习马克思主义理论，学习中国特色社会主义理论体系，学习习近平新时代中国特色社会主义思想，站在马克思主义的高度，以坚定的马克思主义信仰者角色，引导大学生正确对待社会思潮，增强理论辨别力，树立马克思主义的世界观、人生观和价值观。辅导员素质能力大赛的基本环节经过了几次调整，但基础知识测试始终是重要的内容之一，体现了辅导

辅导员的平台观

员素质能力大赛的基本导向。根据《第九届全国高校辅导员素质能力大赛工作方案》，基础知识测试考查辅导员的理论素养和业务知识，内容主要包括党的创新理论、路线方针政策、党史、新中国史、改革开放史、社会主义发展史及新冠疫情防控斗争知识，党和国家关于高校党建和思想政治工作的重要会议及文件精神，辅导员业务素质和专业知识，等等。从参加辅导员素质能力比赛的角度讲，基础知识学习重在平时、重在积累、重在理解。辅导员在平时工作中要注重学习党和国家的相关政策文件，及时掌握相关会议精神，深刻理解相关规章制度的内在关联，学深悟透党的创新理论，全面把握辅导员业务素质和业务知识。基础知识测试体现了辅导员工作的理论性，启示辅导员要在工作中加强理论学习，夯实工作的理论基础，用马克思主义理论、思想政治教育原理等指导开展辅导员工作。

另一方面，比赛能够促进辅导员提高综合能力。辅导员是日常思想政治教育的组织者、实施者和指导者，需要具备一定的组织管理能力、语言文字表达能力、教育引导能力和调查研究能力。辅导员的综合能力是开展工作的基础，没有这些能力，辅导员的工作就会打折扣，教育效果就会降低。能力是可以后天培养的，辅导员的综合能力可以在实际工作中进一步锻炼和提升。通过辅导员素质能力大赛，辅导员可以更加全面地了解自身能力存在的不足，客观认识自身能力结构的缺陷，进一步明确能力培养的目标和方向，增强提高自身职业能力的动力。任何比赛都具有竞争性，通过竞争性的较量、表现，辅导员更能够认识到综合能力的重要性，这不仅能够帮助辅导员在比赛中取得好成绩，更能够帮助辅导员改进日常思想政治教育工作方式。

近年来全国高校辅导员素质能力大赛的内容从基础知识测试、主题班会、案例分析、谈心谈话和主题演讲五大项目到基础知识测试、案例分析、谈心谈话、理论宣讲四大项目再到基础知识测试、案例研讨、谈心谈话三大项目，比赛项目逐渐精简，比赛设置和比赛要求的实战性导向越来越强。以前，主题班会需要提前录制，并不能展现辅导员的真实水平。主题演讲和理论宣讲虽然设置了现场抽取题目，但是辅导员总是会有所谓的万能模板或者通用故事，使得演讲和宣讲的现场性大打折扣。在案例研讨（案例分析）环节，以前是辅导员一个人对案例进行分析、研判，从而提出解决方案。现在优化了比赛流程，选手在案例研讨前抽取小组和A、B角色，以"我提问，你回答"的方式开展，由A、B选手围绕案例共同辨析原因、研讨对策、总结规律，最后由专家进行提问。现在的比赛流程设置突出了辅导员之间的互动，体现出辅导员在解决问题时的思维差异，强调了辅导员对案例问题的共同研讨，为辅导员之间相互学习、相互借鉴提供了平台，有助于增强辅导员在实际工作中解决问题的能力。谈心谈话作为最能体现辅导员实战水平的项目，始终是辅导员素质能力大赛的重点。谈心谈话主要考查辅导员对学生特征、学生成长成才规律的了解把握程度，以及对学生的教育引导能力、解决理论困惑和实际问题的能力等。在现实工作中，面对存在同样问题但是特征类型不同的学生，辅导员的谈心谈话肯定会因人而异，不能简单地就事论事，而要就人论事。举例来说，同样和犯错误的同学谈话，性格外向的学生有时会轻视小问题，对错误不以为然，辅导员要用严厉的口吻严肃批评，要求其认真对待问题，甚至有时候还要稍微夸大错误的严重性，提高学生对错误的认识程度。性格内向的学生有时候心理包袱比较大，对错误看得比较重，辅导员要在批评教育的基础上，更多地宽慰学生，引导学生向前看，给学生更多的希望。所以谈心谈话在个性万变的学生面前没有固定的套路，要真正了解学生，才能真正谈到内心深处。根据现在的比赛规则，在谈话结束后，辅导员要结合谈话情况进行简短总结，分析存在问题与改进措施，并回答评委提出的问题。实际上，这就要求辅导员在日常谈话中注重总结，注重反思，持续追踪，了解学生谈话后的表现，并在后续工作中不断跟进和优化。

案例研讨和谈心谈话都是针对辅导员工作中遇到的现实问题，开展问题分析、研判和有效解决。从形式上来看，案例研讨是以静态的方式呈现，主要考查辅导员分析问题的逻辑；谈心谈话是以动态的方式呈现，主要考查辅导员现场引导的能力。二者在本质上其实是一致的，或者说案例研讨的逻辑直接就体现为谈心谈话的水平，只不过案例研讨是按照

辅导员的平台观

辅导员自己设定的逻辑来推演,而谈心谈话中有更多的不可控性和意外性,凸显了辅导员工作的难度。在日常工作中,辅导员几乎每天都会和学生谈心谈话,在各种类型的谈话中,辅导员要做工作上的有心人,认真对待每次谈话,认真总结每次谈话,认真反思每次谈话,通过对谈话记录的不断总结,在实践中提高工作水平。可以说,在辅导员素质能力大赛中的谈心谈话环节,就是辅导员现实工作中谈心谈话水平的真实再现,唯有平时多积累、多总结、多反思,才能在比赛中展现辅导员工作的风采和水平。

辅导员素质能力大赛为优秀辅导员脱颖而出提供了宝贵机会和重要载体,也为人们认识优秀辅导员打开了重要窗口。经过校赛、省赛和国赛的层层选拔与较量,最终入围全国决赛的都是辅导员中的优秀代表,在他们身上体现了辅导员扎实的理论功底、严谨的分析能力、流畅的表达能力和高超的工作能力。素质能力大赛是发掘优秀辅导员的重要平台。在日常工作中,辅导员要面对繁琐杂乱的学生事务,经常忙于参加各种活动或会议,留给人们的深刻印象就是忙碌,也造成人们对辅导员工作认识的偏差和误解。素质能力大赛能够让大家了解辅导员的日常工作,认识辅导员的育人使命,同时能够发掘辅导员的工作潜力。辅导员素质能力大赛是辅导员展示自身形象、体现自身能力、反映自身水平的关键时刻,通过大赛可以让更多的优秀辅导员脱颖而出。素质能力大赛受到高校越来越多的重视,很大程度上就是因为这项比赛能够为优秀辅导员的选拔和考核提供参照。对于辅导员队伍来说,每年能够入围全国决赛的选手在几十名左右,相对于十几万人的辅导员队伍,能够在全国平台上参与比赛的辅导员占比是很少的。正是因为比赛异常激烈,所以在大赛中取得好成绩的辅导员能够成为优秀的代表。优秀辅导员的成长就像是大海中的灯塔,为辅导员队伍的发展提供榜样,示范带动,引领方向,成为激发辅导员队伍活力的重要因素,实现榜样的先锋模范作用,带动辅导员队伍的整体发展和共同进步。

党的十八大以来,辅导员工作受到越来越多的重视,辅导员工作得到越来越多的肯定。全国高校辅导员素质能力大赛这一赛事能够彰显对辅导员工作的外在认同，强化辅导员职业的内在认同，增强辅导员的职业荣誉感，激发辅导员的职业归属感。通过参加辅导员素质能力大赛，辅导员在省级和国家级平台上锻炼能力，强化沟通，深度交流，进一步增强了自我职业认同，坚定了职业自信。

辅导员的家校观

（一）家校合作状况不容乐观

辅导员的工作对象是学生，但是学生从来就不是单纯意义上的个体，在校学生还不能完全独立履行成年人的义务和承担相应的责任。正如马克思所言，人的本质是一切社会关系的总和。任何一所高校的辅导员都要面对学生的社会关系，简单来说就是要面对学生的家庭，面对学生的父母，这就必然涉及学校教育和家庭教育的关系，涉及辅导员和家长的关系。

一般来说，大学生在大学校园里的各方面表现，都会与以往所受到的家庭教育相关，或者和家庭所发生的变化有关。辅导员在解决学生问题的过程中，都会与家长联系，通报现状，沟通信息，了解情况，对症帮扶。在这个过程中，我们发现学校教育和家庭教育在一定程度上是脱节的，辅导员和家长的有效沟通机制并不完善，这种现象值得进一步深入思考。辅导员在工作中要树立正确的家校合作观，必须理性对待大学阶段学校教育和家庭教育脱节的问题，引导家长关心学生的大学生活，引导家长对学生的大学生活进行合理指导和规划，建立辅导员与家长之间有效的合作机制。

如何看待大学阶段学校教育和家庭教育的脱节？对一个家庭来说，孩子考取心仪的大学是一个家庭的目标，承载着一个家庭的梦想，背负着一个家庭的希望。高考从来就不是一个人在战斗，而是一家人在战斗。

高校辅导员的成长观

对于这个目标，相信中国所有的家庭都是认同的，也都愿意为之付出巨大的努力甚至做出一定的牺牲。所以我们经常看到，在大学新生报到的时候，全家老小齐上阵，有年逾花甲的爷爷奶奶，也有年幼稚嫩的弟弟妹妹，共同见证梦想成真的那一刻，见证家中的准大学生迈入大学校园的那一刻，因为这是全家人共同的追求。

在完成这个目标之前，或者说为了完成这个目标，家长从孩子的幼儿园阶段到小学、初中阶段再到高中阶段，每一个阶段都尽心尽力，生活上给予孩子无微不至的关照，心理上给予孩子积极向上的鼓励，一定要保证孩子的营养，也一定要激发孩子的自信。通常我们说，再苦不能苦孩子，宁肯自己少吃少睡，也不能让孩子受罪。在学习上，父母给予孩子力所能及的帮助，幼儿园阶段的亲子互动、手工制作，小学阶段的作业陪读、兴趣班和特长班的陪伴，初中阶段的考证考级，高中阶段的督促约束，等等。在长达十多年的过程中，父母一直主动积极地参与学校教育，不会错过任何一次家长会，不会错过任何一次与班主任沟通的机会，就是要让自己的孩子能够一步步实现考上大学的目标。父母会为孩子提供一切有利的成长环境和条件，不让自己的孩子输在起跑线上，尽可能早、尽可能快地引导自己的孩子成长为佼佼者，成长为其他家长眼中"别人家的孩子"。比如，很多父母为了孩子能够上最好的幼儿园、小学、初中等，不惜一切代价买学区房，想尽一切办法取得地段生资格。在家长的心目中，孩子只有读了最好的幼儿园、小学或者初中，才有可能比别人家的孩子成长得更好。

一些家长认为，让孩子接受最好的教育最主要的原因就是希望孩子不落后于别人，要超过其他孩子，而不是实现孩子的自我成长。所以不少家长费尽心思给孩子报各种兴趣班，目的并不完全是培养孩子的兴趣或特长，而是觉得参加了这些兴趣班，孩子就会比别人强一点，拿到了考级证书就比别人更具有优势。可以说，中国的父母很不容易，一直生活在焦虑之中，生活在无处不在的竞争之中，把本该是孩子自我成长的问题转化成了如何比其他孩子更强、更优秀的问题。这也是很多孩子感受不到快乐的原因所在。教育一旦被掺杂太多的功利主义思想，就会失去教育的本真意义和本来面目。

正是家长在孩子从幼儿园到高中学习过程中的主动参与和积极作为，使得家长一直是学生求学生涯的指挥者和领导者。大学阶段之前的家庭教育和学校教育可以做到有效沟通、信息互动、无缝对接，能够形成教育的合力，实现对学生生活上的关心、学习上的帮助、心理上的关怀，可以第一时间解决学生面对的各种困难，解决学生出现的各种矛盾，让学生能够安心学习、专注学习、心无旁骛。可以说，中小学阶段的家庭教育一般都会主动对接学校教育，主动参与学校教育，家庭教育和学校教育在中小学阶段是非常好的合作伙伴。

当下的中小学阶段家庭教育和学校教育可以密切合作，有很多原因，比如，家长对教育越来越重视，对孩子成才的期望越来越高，当然也包括现在孩子上学的竞争压力越来越大，家长普遍存在不能让孩子输在起跑线上的心理，等等。包括高中在内的学校距离学生家庭所在地相对比较近，家长能够及时到校解决问题，时间成本和精力成本都比较低。另外，学校对家庭教育十分重视，创新家校沟通的各种举措，如亲子课堂、家长课堂、校园开放日、家长委员会、家长例会、家长班级微信群等，有的是制度上的创新，有的是机制上的创新，有的是方法上的创新。对家长而言，学校提供了各种平台和机会让家长能够参与学生成长，能够全面了解学生在学校期间的表现。换句话说，家长有需求，学校有要求，学校教育需要家庭教育的参与，家庭教育需要学校教育的指导。作为未成年人的学生在接受中小学教育的过程中，家长发挥着重要的作用，扮演着关键性角色，家长从未缺席孩子在中小学阶段的教育。

但是，当全家人的梦想实现的时候，孩子远离家乡异地求学，家庭教育似乎理所当然地缺席了。空间距离使得家庭教育和学校教育的关系受到很大影响，中小学阶段家庭教育和学校教育的密切关系不复存在，父母把对学生的一切教育都交给学校，双方的合作伙伴关系戛然而止，家庭教育和学校教育意外脱节了。

在大学阶段，家长很少主动联系班主任或辅导员，甚至根本就没有班主任或辅导员的联系方式。从家长的角度来讲，考取大学是一家人为之奋斗的目标，在目标达到的那一刻，家长的重担就卸下了，压力也减轻了。部分家长认为，把孩子送到大学以后，余下的就都是学校的事情了。家长们对辅导员经常说的一句话就是：把孩子交给你们，我们就放心了。作为辅导员，我们真心想说，家长把孩子交给学校，并不意味着家长就放弃了对学生进行教育和管理的责任，家长可以放心，学校可不敢放心。除非大学生在校园里遇到学业困难、心理障碍、恋爱纠纷、诈骗受害等极端情况，否则家长很少会主动与学校沟通联系。这样就会出现一种状况，那就是当辅导员与家长联系的时候，学生大概率是出问题了。平时不联系，一联系就出事，这是很多家长的直观感受。但是，家长在无意间已经主动放弃了与学校的主动沟通，不会像中小学阶段那样经常与班主任、任课老师等交流信息、了解情况，也不会像中小学阶段那样经常到学校关心孩子、了解孩子。除了家长主观意识的变化以外，大多数家庭距离大学校园都比较远，绝大多数学生都是异地求学，家长来学校的时间成本和精力成本都比较高。所以，与中小学阶段家长作为学校常客的情况不一样，很多家长基本上只有开学和毕业才来大学校园。

当然，高校也没有提供足够多元的渠道和方式让家长参与家校沟通。中小学阶段的家长委员会，作为家长参与学校管理、发表相关意见、提出有效建议的平台，成为连接家庭和学校的重要桥梁。对高校而言，学生家长来自全国各地，利用像中小学阶段的家长委员会那样的平台开展工作、沟通交流并不现实。当然，在信息时代，高校可以充分发挥新媒体的作用，让家长委员会从线下转移到线上，建立网上家委会。这种形式在部分高校已经探索实施，许多辅导员也通过这种形式加强了与家长的沟通，这是对家庭教育和学校教育的一种有益探索。有的学校通过微信公众号、网站等进行宣传报道，让家长及时了解学校的各种信息，家长也可以据此反馈意见和建议，但现实情况是关注的多，反馈的少。毕竟，家长们更希望知道自己的孩子参与相关活动的信息和大学生活的状态，具有十分突出的针对性和指向性。除此之外，学校似乎很难提供其他更加多元有效的渠道让家长参与学校教育。

大学阶段家庭教育和学校教育的脱节是相对于中小学阶段的家庭教

育和学校教育的有效合作来说的，是一个相对的状态。毕竟大学阶段与中小学阶段在培养对象、培养目标、培养方式等方面存在差异，这种差异也使得家庭教育和学校教育具有不同的表现形式。我们期望构建的是符合大学教育阶段特点的家庭教育和学校教育的合作模式与机制。

（二）大学生活的正确打开方式

如何引导家长对大学生的大学生活进行合理指导和规划？大学生所受到的家庭教育主要来自父母，父母对孩子的影响是伴随孩子一生的。对大学生来说，家长的这种影响很大程度上体现在高考志愿的填报上，具体来说就是报考学校的选择、专业的选择更多地体现了家长的意志。当然这只是就部分家庭的情况而言，也有不少家庭在这个问题上相对民主，在遵循孩子意愿、考虑孩子兴趣等基础上共同讨论决定。

填报高考志愿不仅仅是选择一个学校或者一个专业，其实更是对孩子未来发展的一种规划，对孩子的影响是十分长远的。我们见过很多学生进校以后，对自己的专业不喜欢、没兴趣，导致陷入彷徨、迷茫的状态，产生很多不良的后果。但是，大多数家长在引导学生填写高考志愿的过程中，都是以专业是否热门、是否好就业、是否有前途、是否高年薪作为评价标准，至于学生喜欢不喜欢、擅长不擅长、有没有兴趣，这些是次要的。在家长眼里，选择一些热门的专业都是为了孩子的未来，都是为了孩子的前途考虑，有什么错呢？很多家长认为，选择一个好专业，就意味着人生会有好的发展、可靠的保障。家长们都认为，为了美好前程让自己的孩子选择一个热门的专业，虽然孩子可能不喜欢，但是将来一定会有帮助。很少有家长会认识到，所谓的好专业并不等于好前途，好前途不仅仅取决于专业，更取决于学生自身的努力、兴趣和能力。当然，这里面还涉及学校优先还是专业优先的问题，学校优先看重的更多是平台和资源，专业优先看重的更多是兴趣和志向。在一个高平台的学校读着不喜欢的专业是一种痛苦，在一个低平台的学校读着喜欢的专业也不见得幸福。最优的组合是在一个合适的平台读着喜欢的专业，充分利用平台的资源，充分挖掘自身的学习潜力，过一种自己满意、动力十足、信心满满的大学生活。

同时，热门专业好就业是动态发展的，报考时的热门，不等于毕业时的热门，反而可能会变冷门。学生在选择专业时，对专业的发展历史、未来走向、研究领域等方面的认识都是比较模糊的，在中小学阶段从来没有考虑过这些问题，对专业的理解和认识只能等到进入大学阶段以后慢慢深入。这可能是高中教育和大学教育脱节的一个重要体现，导致高考志愿填报成为一场所有家庭成员面临的大战。大学阶段之前的教育应当逐步引导学生认识专业、了解专业，知道专业是什么、意味着什么、掌握最基本的专业常识，避免学生在志愿填报阶段只能以喜欢不喜欢作为选择的主观依据。所谓的喜欢，应该是建立在熟悉了解的基础上做出的一种理性、客观的选择。否则，所谓的喜欢只能是一种主观感受，这种感觉准不准就只能靠运气了。现在很多地方都在探索大学教育与高中教育的有效衔接，让大学教授走进高中课堂，把大学的社团等校园文化融入高中生活，这些都能够帮助高中生顺利度过大学的适应期。当然，这方面还有很大的提升空间，需要我们不断推进创新改革，推动高中教育和大学教育的有效衔接，让高中生能够比较顺利地进入大学生活。

在进入大学之前，家长能够协助学生选定专业，但是当学生正式进入大学之后，家长的作用就基本消散了，大学生开始了独立自主的大学生活。正如很多大学生所说，第一次远离家人，第一次过集体生活，第一次独自解决矛盾，第一次自己做决定，等等。不只学生对于大学生活的规划是模糊的，很多家长对于孩子应该如何过好三年或者四年的大学生活也是没有思考过的，这也导致家庭教育在大学阶段的缺位。正如两个人可以结婚生孩子，但是这并不等于说两个人可以做一对合格的父母，这需要通过持续学习，树立正确的育人观。如果家长不了解大学生活的基本情况，就不可能对孩子的大学生活给予有效指导，家长在大学教育中就容易缺位。

家长对孩子大学生活的认识有两种误区。一种认为孩子进入大学后就独立自主、放飞梦想了，简单来说就是不管不问了。另一种认为孩子进入大学后,家长依然要按照过去的方法进行教育,事事操心、事事操办。

在第一种误区中,家长和学生对大学的认识存在同样的看法,显然这是因为受到高中教师的部分影响。特别熟悉的一句话就是:到了大学就"解放"了。虽然这是高中教师给高三学子加油鼓劲的宣传用语,但是这句话的"杀伤力"很大,让同学们暂时忘记了痛苦,化痛苦为动力,朝着美好的生活前进,忍受高中最艰苦的岁月,因为"大学就自由了,想做什么就做什么,想玩什么就玩什么"。我们无意批评高中教师,这也是一种无奈的激励方式,但是这句话对家长和学生的负面影响是极其大的。

大学等于自由,这是很多家长和高中生非常认同的观点。因为高中生活实在太苦、太累,两点一线的单调生活、巨大的外部压力和精神负担,很多人把这一努力拼搏的阶段形容为"黎明前的黑暗"。高考结束的那一刻,很多高中生把书本抛向天空或者任性地撕碎,这是一种压力的释放,更是一种人性的发泄。可能正是因为高中生活异常辛苦,很多人以为考上大学就意味着苦日子结束了,就意味不用再努力、奋斗、拼搏了,这种简单化的思维把大学看作了享乐的天堂。

教育部原部长陈宝生同志曾指出,"玩命的中学、快乐的大学"这种现象必须要扭转。"高中拼命学、大学使劲玩"成为很多家长和学生的默契共识,思想的防线一旦松懈,各种享受式大学生活就不足为奇了。上课睡觉、聊天、玩手机,下课逛街、追剧、打游戏,很多人用颓废来形容自己的大学生活。大学生明明知道这种生活很无聊,不是自己理想中的大学生活,但是当周围的同学都是这种生活状态时自己就产生了麻痹心理,误认为大学就是如此。部分学生形容自己的大学生活就是吃了睡,睡了玩,玩了吃,吃了再睡,没有思考,没有自我,没有目标,没有动力,当一天和尚撞一天钟。这部分学生失去了上进的斗志,安于现状,乐此不疲,沉醉于安逸、放松的大学生活,逃课时不再惴惴不安,挂科时也是心安理得,一切都那么麻木,那么理所应当。

家长和进入大学阶段之前的学生存在的认识误区是导致大学生活乱

象横生的一个原因。当然，这里面也有大学的课堂教学、校园文化、学风建设、学术氛围等因素的影响，但是家长和学生对大学的认识必须要改变，否则就无法解释在同样的环境和条件下，大学生成长的差异性和多样性。我们批判把考上大学等同于解放的简单化理解，因为大学阶段同样需要努力，需要付出。哪里有轻轻松松、快快乐乐就能够取得好成绩的呢？哪里有简简单单、随随便便就能够拿到毕业证书的呢？很多高中教师都有大学生活的经历，在宣传这种观点的时候，老师们有没有回想自己的大学生活？宣传"考上大学就是'解放'"的观点，是对家长和学生的严重误导，我们希望高中教师慎用这种激励。激励的方式有很多种，许下一个美好的未来，不等于让其放弃拼搏的意志。这种"考上大学就是解放"的观点必须要得到制止和修正，让高中生和家长有一个正确的大学观，对如何读大学有一个最基本的常识性了解。

受到"考上大学就是'解放'"观点影响的家长，对孩子的大学生活就放任不管了，这些家长不再像以往一样关心学生的学业、生活、心理等的状态。等到部分学生因为挂科太多导致学业困难的时候，很多家长最初的反应就是不相信。家长们会强调自己的孩子在高中有多么的优秀，学习能力有多么的强，怎么也想不到自己的孩子会在大学遇到学习困难。我们有一个最基本的判断：对能够在竞争激烈的高考中脱颖而出考取大学的学生来说，他们具备扎实的学习基础、有效的学习方法和过硬的学习能力，学习对他们来说本来不应该成为一个问题。在大学出现学习问题的大学生，大多数是因为学习态度不端正、学习过程不用功，简单来说就是没有把心思放在学习上。如果学生用心学习，态度端正，一般不可能出现学习问题。因为学生压根就没有把心思用在学习上，所以才把原因推向了课程难、基础差等因素。反过来说，如果课程有难度、基础不好属实的话，那不是更应该努力去学习吗？怎么会把这些当作学不进去的借口呢？

如果上升到教育的高度，就会发现当下不少学生在天真烂漫、本该愉快玩耍的阶段，却无奈地参加各种兴趣班、特长班，寒暑假也在参加各种补习班。在该玩耍的年纪却被题海磨掉了个性，人性可以被压抑却

辅导员的家校观

不会消失。在本该认真学习、钻研知识、博览群书、深度研究的大学阶段，一些被压抑太久的孩子由于没有了外在压力和束缚，似乎要把以往缺失的快乐都在大学补偿回来一样。熬夜打游戏、疯狂追剧、迷恋网络小说，有些大学生认为这些都是理所应当要享受的权利，是作为高中玩命学习的一种正当补偿。

　　对于一部分学生而言，在高中阶段形成的学习方法，比如课前预习、课后复习、课堂笔记、易错本等在大学阶段的学习中突然就消失了。在一个学期的课程结束后，有些大学生的课本还是崭新的，有些连自己的名字都没写，对比高中教材上密密麻麻的笔记，简直是无法想象。一般情况下，大学课程都是集中上课，一周一到两次，一次两节到四节不等，部分大学生就只在上课的时候翻出课本，而在下课以后和下次上课之前，课本都是安静地躺在宿舍的书桌上。可以说这部分学生在高中阶段并没有养成良好的学习习惯，而只是在监督和约束下形成了一种学习惯性，当外在监督压力减小之后，这种惯性就自然消失了。很多高校在优良学风建设中，推出学霸笔记的评选活动，一方面是对高中学习方法的传承，另一方面也说明课堂笔记的稀缺性。

　　在第二种误区中，部分家长沿用过去的教育方法，一切包办，限制了大学生的主动性和自觉性。每年的大学新生报到，都会看到父母在前、学生在后，父母帮学生咨询入学相关事宜的现象。这些父母是操心习惯了，连入学报到都想给孩子包办。这让我们想起了高考志愿填报说明会上，不少父母冲锋在前，咨询就业，询问难易，仿佛读大学的是父母而不是孩子。到底是谁在读大学？在新生宿舍，常会看到父母忙着铺床叠被、洗洗刷刷、打扫卫生，孩子却在一旁自娱自乐、有说有笑，仿佛这个宿舍是父母住的。更极端的例子就是有些大学生自己不会洗衣服，每学期把脏衣服集中打包寄回家交给父母洗。虽然是极端个例，但很能说明问题。有些大学宿舍尤其是部分男生宿舍卫生状况堪忧，环境脏乱差、味道刺鼻、垃圾满地等。难道大学生不会打扫卫生吗？我们认为不是不会，可能更多是不愿、不想，因为在家这些事情都是父母承担，学生是不需要考虑这些事情的。

这些父母的教育方式就是典型的保姆式教育，也有人总结为"三无父母"，也就是无所不能、无孔不入、无所不包。在保姆式教育中，孩子是一个被动接受者，他不需要思考，不需要有想法，不需要有自我，一切都由父母想办法、做决策。孩子只要按照父母的要求和指令去做就可以了，在这种教育环境中孩子是没有自主性的。在这种教育方式的长期影响之下，孩子就丧失了独立思考的能力，迷失了自我，无法独立自主地解决问题，成了大家所批判的"巨婴"。

家长退一步，孩子进一步，家长要逐步向孩子"放权"，引导他们认识自己，学会自己做判断和抉择。否则，在这种事事包办的过程中，孩子们永远也长不大，不会分析利弊，不会权衡得失，不会处理人际矛盾，不会理性做出决定。这些"不会"皆因为不需要，因为一切有父母操心，学生失去了独立思考的机会，也失去了成长的机会。在大学生遇到的各种校园问题中，人际矛盾、宿舍矛盾占到非常大的比例。出现矛盾不可怕，可怕的是不会处理矛盾，甚至用极端的方法处理矛盾。

在每一位家长眼中，自己的孩子都是优秀的个体，但是当同样优秀的个体聚集在一起的时候，如何面对这种优秀就成为一个问题。没有了优越感，没有了赞扬，有的人会消沉失落，一切都不顺心、不如意，消极地生活；有的人把别人的优秀当作自己失败的借口和理由，内心妒忌、归咎他人，不求努力上进，反而对别人妄加指责，甚至用极端的方式解决心中的郁闷。一个优秀的人要学会欣赏别人的优点和长处，懂得欣赏才能培养乐观心态，才能与人和谐相处。一个内心阴暗、格局狭小、自私自利的人，看到的都是自己的利益，甚至会把别人的优点看成自己成长的障碍。

辅导员面对大学生在校园生活中的各种不良表现，要着重从家庭教育的角度深入了解情况，这样比单纯的就事论事更能抓住学生的根本问题。对经常逃课的学生，辅导员一次次地耳提面命，一次次地要求书面检查，一次次地谈心谈话，接着又是循环往复，让辅导员产生深深的挫败感。诚然，我们在很多优秀辅导员的先进事迹中，会发现辅导员的锲而不舍、久久为功和自我牺牲，对学生的不抛弃、不放弃，最终感化学生，令其浪子回头，成就了学生的美好未来。这样的事迹之所以感人，一方面是因为教育的本质就是这种大公无私的爱，用爱去欣赏、引导和帮扶学生本身就是值得称赞的；另一方面是因为这种成功其实需要辅导员牺牲很多、付出很多，而且是长时间的牺牲和付出，能做到的人自然是少数。

在辅导员的日常工作中，考虑到时间和精力的有限性，如何既做好对个别学生的长期帮扶教育，又做好对全体学生的关注和关怀，其实是一件非常两难的事情。这里面涉及个体教育和群体教育的关系问题。辅导员要开展对个体的教育，解决个体的困难，但是遇到相同问题的学生往往大有人在，这样辅导员就会面临着重复解决相同问题的情况。解决辅导员工作的重复性问题，其实就是要解决群体教育的问题。要从个体教育中总结提炼，提前预防，从而在群体教育中实现工作的预判性。当然，这里面存在一个协同育人的关系，比如逃课的原因有很多，仅仅依靠辅导员的考勤和监督根本无法杜绝逃课行为。造成学生逃课的根本原因是课堂教学质量欠佳，只有任课教师的高质量课堂教学才能把逃课的学生吸引回来。任何试图单纯依靠行政管理方式建设优良学风的努力，其实都走错了方向，抓错了重心，是白费功夫、表面文章，根本不可能有效果。

家长和学生都要思考如何读大学，懂得大学生活的正确打开方式。虽然学生人在大学，但是心可能已经放飞，虽然家长人不在大学，但是心一定是在学生身上。只有父母对理想的大学生活状态有一定的认识，才能够对大学生进行合理指导和有效引导，与辅导员共同做好协同育人的工作。家长对学生大学生活的引导至少要抓住以下几个方面。

一是读书。大学本身就是一个读书的地方，似乎在大学谈论读书有点多余。但是家长们要知道，现在大学生活很丰富，对于有些大学生来说，读书反而不是他们大学生活的主要内容。学生在大学校园里的读书主要是指两个方面，一方面是博览群书，尤其是阅读人文社会科学类图书；另一方面是深入研究，结合专业从学习知识转向学术研究，畅游在知识研究的海洋。

有人说，人与人之间的差距体现在工作时间之外的业余时间。有的人用娱乐消遣打发，有的人在睡觉做梦中度过，有的人在无所事事中彷徨。对大学生来说，如何利用课余时间体现了大学生活的质量。在中学阶段，虽然也鼓励同学们广泛阅读人文类书籍，但是在升学导向的思维模式下，课外阅读的总量是有限的。阅读课外书籍总体上来说是一件比较奢侈的事情，家长们普遍认为是白费功夫。然而，过了这个求知若渴、好奇心重的年龄阶段，在有时间、有精力、有条件的大学校园环境中，有些人读书反而失去了动力，全无了兴致，这是必须好好反思的地方。各个年龄阶段的教育从来就不是割裂的，人的教育经历是一个整体，教育部门要从整体性、系统性、完整性的角度对教育体制进行理念重塑和体制重构，让幼儿教育、小学教育、中学教育和大学教育能够形成环环相扣、有机融合的整体。

读人文类书籍有很多好处，很多人都进行过表述。有人说，人的气质中透露着你所有读过的书，读书思考的沉淀会转化为人的内在修养。有时候就是这么一本书，改变了学生对世界的看法，激发了学生前进的动力，点燃了学生青春的斗志；有时候就是书中的一句话，醍醐灌顶，激荡心灵，让学生大彻大悟、大梦方醒；有时候就是书中的一个故事，让学生感慨万千、感同身受，给予学生前行的力量。读书是大学自我教育、自我成长的重要方式，与书为伴，成长无限！

读书是克服大学迷茫的最好方式，读书是寻找大学生活的最佳途径。大学生广泛阅读人文书籍，有助于培养人文情怀，提高认知世界、分析问题的能力和水平，提升道德水准和综合素养，在名人传记中习得人生智慧，在优美文字中感受语言魅力，在历史故事中感悟人生成败。作为家长，不仅要关心孩子每天吃得怎么样、穿得怎么样，更要问问孩子是否去过图书馆，最近看过什么书，看书后有哪些想法，从仅仅关注孩子物质层面的满足到关注他们精神层面的需求，这才是家长通过关心询问引导孩子大学生活的正确方式。

大学读书的一个重要特点就是从学习向学术的转变。高中阶段的基础教育，在学习特点上往往体现为知识点的识记背诵，考查学生掌握知识点的熟练程度和应用水平，总体上来说知识点不多，对知识的理解能力要求不高。尤其是在高三阶段，学生基本上就是在不断地复习，不停地考试，进而熟练运用各种公式，熟记各种知识。可以说，高三阶段基本没有新知识的学习，基本是对已学知识的重复记忆和反复训练。相反，大学阶段的高等教育，在学习特点上往往体现为知识的整体性、系统性，要求学生把握知识之间的关联性和内在的逻辑性，把已学知识点编织成知识面。所以，如果说高中阶段的学习是"知道是什么"，大学阶段的学习就是"知道为什么"。也就是说，大学阶段的学习本身就带有研究的意味，这是比高中阶段的教育更高一层次的要求。

从学习到学术的转变，说得通俗一点，其实就是大学生的科研创新工作。在大学，面向本科生的各种科研项目、学科竞赛、技能比赛还是比较多的，实现了从校级到省级再到国家级的全覆盖。比如我们非常熟悉的"挑战杯"全国大学生课外学术科技作品竞赛，就是面向高校大学生开展的科研创新实践活动。还有"互联网+"大学生创新创业大赛等各类创新、创业、创造类项目，同样为高校大学生提供了非常好的展示平台。作为家长，要懂得在和孩子的日常沟通交流中积极引导他们关注各种比赛信息，积极引导他们关注本学科、本专业发展的前沿领域和最新成果，激发孩子对探索科研世界的好奇心。

大学里的"学霸""学神"，不仅仅学习成绩好、学分绩点高，更重要的是具有科研创新能力，能够把学习能力转化为创新能力，把学习成果转化为科研成果，把学习知识转化为研究知识，在学习中研究，在研究中提升，努力提高自身的科研素养和科研能力。一方面，学校已经提供了非常多的平台和载体，开展了诸如本科生科研训练营等活动；另一方面，学生要具有科研意识，积极主动地参与科学研究。在这个过程中，学生要发挥积极性和主动性，多渠道了解自己所在学校、学院的科研信息，主动参与各种科研活动，激发科研兴趣。

大学生的科研活动，并不是要求学生发明什么理论或者创新什么学说，而是在参与科研学术活动的过程中，培养科研意识和科研精神，具体来说就是培养实事求是的科学精神、与时俱进的创新精神、努力拼搏的奋斗精神、一丝不苟的严谨精神、协同工作的团队精神，提高发现问题、分析问题、解决问题的能力，提高搜索信息、整合信息、利用信息的能力，而这也是大学生日后走向工作岗位必备的综合素养。

二是兴趣。培养一个自己真正的兴趣，做自己真心喜欢的事情，不仅对于大学生活至关重要，对于大学生走向社会之后的未来人生同样重要。兴趣是伴随一生的财富，少有所好、中有所喜、老有所乐，是人生的一大幸事。当找不到前进方向的时候，当丧失斗志的时候，当迷茫彷徨的时候，当无聊空虚的时候，做自己喜欢做的事，找到生活中的兴趣爱好就十分重要，兴趣爱好就成为内心最大的慰藉，也成为支撑我们前进的内在动力。

有人说，兴趣爱好管什么用？能当饭吃吗？兴趣爱好不仅有用，有时候还真是谋生的利器，是解决生存之道的重要手段。现实中，把兴趣爱好做成事业的成功人士不在少数。曾经有一位研究生，非常喜欢打羽毛球，经常在课余时间参加锻炼，在校读研期间参加了各种羽毛球比赛，也拿了各种级别的奖项。而且，这并没有耽误他硕士毕业，毕竟打羽毛球只是他的兴趣爱好。毕业之后他先后换了几家工作单位，后来自己创业，组织青少年羽毛球培训，把自己的兴趣爱好做成了自己喜欢的事业，如今他的羽毛球培训公司已经在行业内小有名气。其实在辅导员身边，也有很多学生把自己的兴趣爱好做成事业的案例。希望家长们明白，有意识地引导孩子去寻找自己的兴趣爱好，帮助孩子找到自己的兴趣爱好，是家长赠予孩子令其受用一生的宝贵财富。

很可惜的是，当下学生家长在谈到孩子兴趣的时候，想到的就是报名参加各种培训班。当你问孩子自己喜欢什么的时候，孩子往往是茫然的。因为对他们来讲，兴趣就等于没完没了的兴趣班。当下的教育市场鱼龙混杂，市场化导向催生了名目繁多的培训机构，各种舞蹈班、音乐班、书法班、绘画班、语言班不胜枚举。家长硬生生地把孩子送进这些培训班里就以为这是孩子的兴趣所在。兴趣只有转化为内在的动力，才能真正成为持续一生的爱好。作为辅导员，我们听过太多学生控诉家长强迫自己参加兴趣班的故事。有的学生虽然考过了钢琴十级，但是在拿

辅导员的家校观

到等级证书之后再也没有弹过钢琴，再也不想触碰琴键。因为对学生来说，那是一场噩梦般、枯燥无味的兴趣。如果家长们听到了学生们的真实想法，不知道会作何感想？

相对于高中生活的单一性、枯燥性、强迫性，大学生活具有非常明显的自主性、独立性、自由性。有些学生虽然早就开始向往大学生活，但是在进入大学后，反而对这种需要自我掌控、自我管理、自我规划的生活产生了很多的不适应。简单地说，高中生活是升学导向，那是一种被规划、被约束、被监督的生活，而大学生活需要重新发现自我，寻找内心追求，自己做自己生活的主人。正如有些学生所说，以前被管习惯了，现在突然发现什么事情都要自觉、自愿、自主，反而自己什么也不想做，什么也做不了。

大学生活有很多的课余时间，学生有时间、有精力、有条件去做自己喜欢做的事情，按照自己的兴趣爱好去充实自己的课余生活，但是现实状况是有不少学生不知道自己喜欢什么，也不知道自己对什么感兴趣，对以前各种所谓的兴趣现在都提不起兴致。有的学生入学时背着一把吉他，说喜欢音乐，喜欢弹吉他，眼神里充满着喜悦和自豪，但是在大学生活里偶尔才触碰琴弦，吉他上留下厚厚的灰尘。

其实，大学为学生们的兴趣爱好提供了各种展示的平台，让学生们能够有机会去展示自己的才能，喜欢舞蹈的可以参加各种舞蹈比赛，喜欢唱歌、表演的可以参加各种文艺表演，喜欢书法绘画的可以参加各种主题的书画大赛和作品展览，喜欢音乐的可以参加各种音乐社团和演奏会，喜欢写作阅读的可以参加各种主题的征文比赛和阅读活动，喜欢打球的可以参加各种球类比赛，等等。只要你有自己真正的兴趣，只要你有自己真心想做的事情，大学有足够多的平台和资源供你选择。

希望家长们注重培养学生自己的兴趣爱好。家长要正确引导、尊重学生，学生要自觉培养、主动挖掘，要认识到兴趣爱好是生活的一部分，没有兴趣爱好的生活是单调和枯燥的。兴趣爱好需要有意识地主动培养，任何人绝不是天生就知道自己喜欢什么，而是通过在生活中不断地寻找和探索才发现自己的兴趣所在。兴趣爱好是尊崇内心的，一旦确定是兴趣所在，那么时间、环境便不会改变对兴趣的追求，也不会改变对兴趣的执着。如果实际情况与之相反，那只能说明所谓的兴趣还不是真正的兴趣。兴趣需要培养，其实也说明兴趣需要在实践中形成，在实践中检验。大学生要把兴趣爱好融入大学生活。有些大学生不是没有兴趣爱好，而是没有把兴趣爱好融入大学生活。之所以没有融入，存在很多方面的原因。兴趣爱好本身就是大学生活的一部分，是大学生活的调味剂，大学生要把兴趣爱好转化为大学生涯发展动力，充分利用大学的平台和资源，充分展现自己的兴趣爱好，使其成为树立大学生活自信的重要砝码和撬动大学生活的有效支点。

三是能力。人生的路很漫长，但关键处也就那么几步。大学就是一个人成长的关键时期。什么是成长？我们所谓的成长更多着眼于一个人的品德、修养，是指形成独立人格、批判精神、创新思维。能力是成长的一个重要方面，也是大学生将来走向社会的生存之道，是大学生在社会立足的核心竞争力。当然，能力得到锻炼的前提是道德的完善、人格的健全、品行的端正，首先要成为一个正直的人，能力才能真正有用武之地，否则超强的能力反而会成为一种危害。

家长要明白在三年或者四年的大学生活中，学生并不是年龄越大心智就越成熟、能力就越大，也不是年龄大了道理就自然懂了。能力需要主观培养、自觉锻炼，需要在实践中去提升。综合能力的内涵包括很多方面，比如表达能力、组织能力、协调能力、沟通能力、执行能力等。需要引起大家重视的是大学生的表达能力、理财能力和操作能力等。

表达能力包括书面的文字表达能力和口头的语言表达能力。家长们可能会说，这种能力还需要锻炼吗？谁不会表达呢？从小学就开始写作文，这难道不是文字表达吗？从小就开始语言沟通，这难道不是语言表达吗？我们所说的表达能力如果严谨地说应该是公共表达能力，就是在公共场合面向大家进行公开的演讲、汇报和分享的能力。文字表达和语言表达是互通的，没有优美、流畅的文字表达，语言表达也不会精彩、生动。在许多层面的座谈会场合中，有些学生的表达羞羞答答，有些学生的表达杂乱无章，有些学生的表达前后矛盾，有些学生的表达稀里糊涂，有些学生的表达浮于表面，不会说、不敢说的情况还比较多，尤其是在表达中表现出来的内心紧张、神情慌乱、逻辑混乱的状态比较明显。学校会组织很多的演讲比赛、朗诵比赛、辩论比赛、征文比赛、策划比赛、文艺晚会、舞台剧等活动，目的就是希望大学生能够在积极参与活动的过程中，提高表达能力，增强表达自信。

家长可以通过关注学院的网站、官方微信公众号等信息发布平台了解校园文化活动信息，鼓励学生积极参加，引导学生把握锻炼机会。同时还可以鼓励学生选修演讲类的课程，多方面提高表达能力，努力成长为一个善于沟通、善于表达的大学生。有很多家长经常说，自己的孩子很内向，希望老师多关注。我们更希望家长能够认识到性格是可以培养的，也是可以改变的，有意识地引导学生参加表达类的活动和课程，这样有助于学生性格的改变和完善。如果家长只是漫无目的地要求学生改变，又没有提供相应的指导，这种话说多了，久而久之就没有了说服力。

培养理财能力并不是要求大学生去炒股、买基金，而是要引导大学生树立理财的意识，培养正确的金钱观、理性的消费观，合理分配资金，做好消费预算，规避资金风险，保障资金安全。具备一定的理财能力并不能帮助大学生发财，但是可以让大学生学会管理资金、分配资金、使用资金，让自己的生活井井有条。

大学生在大学校园的独立生活，其中非常重要的一部分就是独立的财富管理，自己独立掌握和决定资金的分配与使用。虽然这是大学生培养自立能力的重要环节，但是部分大学生缺乏有效管理资金的经验和能力，面对一笔相对较大数额的资金，常常会处理得比较随意。在家庭教育中，很少涉及理财教育，也缺乏这方面的经验。

之所以强调大学生的理财能力，主要出于两个方面的考虑：一方面是引导学生认识到如何合理规划生活消费。经常有家长向辅导员咨询：大学生每月的生活费给多少合适？这个问题，辅导员也只能给出大概的建议，具体还要看大学生自己的消费习惯和消费方式，因人而异，因家庭而异。有的家长按月给学生生活费，有的家长按学期一次性把生活费给学生，两种方式各有利弊，要根据家庭自身情况决定。家长按月给学生生活费，可以了解学生每个月的消费情况，如果有较大幅度的波动，家长可以随时掌握情况。但是学生可能会感到受约束，因为每个月的消费不可能是一样的，有时候跟同学聚会、游玩，有时候购买一些生活用品等，都要在每月限额的生活费范围内考虑，所以学生有时候感觉不自由，稍微多消费一点，可能就成为"月光族"了。尤其是在恋爱期间的学生，这种受限制的感觉更加明显。家长按学期给学生生活费，要建立在学生具有一定的自我约束力的基础上，否则，一些自控力不足的学生经常会出现随意消费、盲目消费、跟风消费、超前消费等不理性消费的行为。

在这里，必须要强调在大学生群体中存在的超前消费、过度消费、炫耀消费的问题。大学生的消费观念总体上来说符合年轻人消费群体的特点，他们的消费观和家长具有明显的差异。他们注重品牌，看中品质，讲究舒适，追求享受，是时尚潮流消费的主流群体；他们注重口碑，看中评价，讲究品位，是高质量消费的主流群体；他们注重创新，看中科技，讲究便利，追求先进，是高科技消费的主流群体。所以，部分大学生在特有的消费观念下，宁愿吃得差一点、少一点，也会选择购买高档手机、品牌电脑以及其他知名的电子产品等。大学生的消费要量力而行、合理规划，既要考虑家庭的条件、家长的态度，又要考虑自身的需求、发展的需要，消费不能盲目攀比，消费不能爱慕虚荣，不能看到其他人的消费就盲目跟风，要树立理性的消费观，形成良好的消费习惯和消费方式，培养健康的消费心理。

另一个方面是要引导大学生杜绝任何形式的校园贷、培训贷、套路贷等。大学生独立掌握着财富支配权，但是又缺乏相应的管理能力，很容易被别有用心的人盯上。同时，大学校园里常见的超前消费、过度消费、炫耀消费的行为，又使得大学生存在借钱度日的可能性。根据有关调查显示，少部分大学生在生活费不足时会通过蚂蚁花呗、京东白条、信用卡等形式进行付款。现阶段，基于金融产品的多样化和大学校园潜在的消费市场，专门面向大学生提供各种贷款的金融服务层出不穷。这些金融服务一定程度上帮助大学生解决了资金需求，满足了大学生的消费欲望，但是这些市场化的金融服务又以逐利为目的，各类贷款公司鱼龙混杂、资质不一、良莠不齐，部分公司打法律的擦边球，存在各种诱骗、诱导行为，使得校园贷成为目前大学校园的热点话题，也成为辅导员开展金融安全教育的重要内容。作为一种市场化的金融服务，校园贷基本上都呈现一种负面的形象。网络上关于大学生因为拖欠校园贷而被逼债的案例屡见不鲜，其中导致大学生自杀身亡的案例也不在少数。各大高校都要求辅导员、班主任对大学生开展金融安全主题教育，帮助大学生认识到校园贷的危害性，杜绝任何形式的校园贷行为，但还是有不少大学生陷入校园贷的困局。

有市场就会有需求，校园贷之所以屡禁不止，就在于大学校园潜在的巨大市场需求和大学生日益增长的消费能力。虽然国家已经出台相关的政策文件，禁止不良校园贷在高校进行宣传，但是校园内到处可见各种校园贷小广告。"三分钟放贷""无须担保""无须抵押""上门服务"等成为极具诱惑的宣传用语。实际上，校园贷作为一种民间贷款，借贷双方签订的合同具有法律效力，法律规定借贷双方约定的利率未超过年利率24%，出借人请求借款人按照约定的利率支持利息的，人民法院应予支持。未超过高利贷部分的校园贷利息，是受到法律保护的。从法律角度来说，陷入校园贷困局中的大学生应该要担负一定的法律责任，承担相应的法律义务。尽管校园贷在法律监管上处于真空地带，但是作为成年人的大学生，要懂得借贷的法律常识，具备偿还的基本能力，而这正是大学生所欠缺的。

在各种校园贷事件层出不穷、法律监管存在一定盲区的阶段，大学生唯一能做的就是远离、拒绝校园贷，洁身自好，树立理性的消费观，培养健康的消费心理和良好的消费习惯。当遇到资金紧张的情况时，应该第一时间告知家长，家长要和孩子进行充分的沟通交流，不要简单地否定或者支持，要在充分尊重孩子的基础上，做出令双方都满意的决定。大学生们要知道，如果陷入了贷款困局，最后能帮忙兜底的只有家长，所以要和父母沟通在前，行动在后，三思而行。很多大学生自认为长大了、独立了，做事情的时候不征求家长意见，但是等出现了意想不到的后果，还是要被动地请家长出面解决。家长们要知道，如果不能和孩子充分地沟通交流，掌握孩子的消费心理和消费行为，在现有的社会环境中，自我管理能力不强的大学生极易陷入各种消费陷阱，造成更大的问题和矛盾。在校园贷的案例中，我们发现大学生贷款不管用于高消费还是其他用途，绝大多数都没有事先告诉家长，是一种自主决定的行为。当家长获知消息的时候，往往还贷金额已经比较大。同时，有些学生在偿还贷款的过程中还存在逾期的情况，导致利息越滚越多，有的通过不同平台借贷相互补台，导致借贷关系复杂化。

根据大学生的生活消费现状，绝大多数学生的生活费用只能够满足基本的生活需求、娱乐需求和社交需求。如果发生校园贷款的行为，大学生基本上没有额外的费用还款，也就是说，大学生在发生借贷行为时其还贷能力是有限的，这一点其实大学生是心知肚明的。但是在明知不具备偿还能力的前提下，一些大学生依然敢于贷款，对不能如期还款造成的后果没有给予足够重视，或者说根本就没有去想这个问题，凸显出这些大学生诚信观念和法律意识的淡薄。很多大学生会通过校内外兼职、勤工俭学等途径获得一定的报酬，家长们可以鼓励孩子在学有余力、条件允许的情况下参加相应的锻炼，在实践中增强对金钱的具体化认识，体会劳动创造财富的成就感，从而更加懂得珍惜劳动成果，树立理性消费的观念。家长要在和孩子的沟通中，主动引导他们合理消费，适当制订消费计划和消费清单，鼓励他们体验社会生活，及时掌握学生的消费动向，及时与辅导员、班主任进行沟通交流，共同帮助大学生提高财经素养，帮助他们成长为真正独立负责、自我管理的大学生。

操作能力是指熟练使用基础办公软件的能力，比较常用的办公软件就是Word、PowerPoint、Excel、Photoshop等。家长们可能会说现在的大学生从小就接触电脑，是网络的原住民，电脑操作水平早已经超出了上一代人。确实如此，很多大学生对电脑、网络一点都不陌生，现在很多学校已经在推进信息化教学、无纸化教学、线上互动教学等，每人一台电脑是很多学校教学的标配。但是也要认识到，孩子们所接触到的除了教学类软件，还有很多娱乐消遣类的软件，尤其是很多学生沉迷网络游戏,成为很多家长最头疼的事。

作为辅导员,我们希望大学生要重视提高基础办公软件的操作能力,主要是基于两方面的考虑。

一方面,这是基于未来就业的考虑。大学生在找工作的过程中,都会向招聘单位提供简历。在简历中,一般都要描述自己应聘本岗位的优势,罗列证明自身能力的获奖情况、技能等级证书、兼职经历等。虽然证书不能等同于能力,但证书起码是一种最基本的检验。这也是辅导员需要提醒家长和学生的地方,学生在大学里要积极参加各种校园文化活动和学术科研活动,积极参加各种社会兼职锻炼,丰富自己的经历,拓展自己的人生阅历,为未来就业提升自身的核心竞争力。在毕业招聘时,招聘单位首先会根据简历从大量的应聘者中选出可以进入下一轮的候选人,有部分毕业生的简历在获奖情况、工作情况、素质能力情况等方面都是空白的,在招聘的第一环节也就是简历筛选中基本上就被淘汰了。

有人说,你在大学的每一次努力、每一份辛苦、每一滴汗水,都不会浪费,人生的每一步,都算数,世界绝对不会亏待努力的人。大学中的积极有为和消极无为,都会呈现在简历中。

也有人说,一纸证书并不能证明能力的大小。的确,证书和能力并不能完全画等号。但是在别人有证书、你没有证书的情况下,凭什么证明你比别人更有能力呢?招聘单位不会给你时间解释,因为竞争者太多,竞争太激烈,时间又有限,最简单和最常用的办法就是简历筛选,便捷快速、成本最低。在应聘过程中,能力是需要证明的,但能力不是用嘴去证明的。大学有足够的三年或者四年时间让你去证明,如果你留下的是空白简历,那么反思的只能是自己。

> 简历中藏着大学生活的所有努力!
> 简历是大学生活状态的最好注脚!
> 简历是对个人水平的最好说明书!

另一方面,这是着眼于大学生活中的客观需要。大学生积极参与校园文化活动,尤其是参与策划一项活动的全部过程,了解实施一项活动的完整流程，从单纯的活动参与者到活动的组织者、实施者和管理者，这有助于增强大学生的就业竞争力。虽然大学生毕业入职新岗位后都会有一段时间的岗前培训，但如果能够在短时间内迅速熟悉岗位、融入岗位，必将对职业生涯发展大有帮助。在学生组织开展校园文化活动的过程中，就必然涉及活动策划文稿的写作、活动预算表格的编辑、活动现场的拍摄、活动总结材料的撰写、活动的宣传等，这些都要求大学生能熟练掌握基础办公软件。只有具备对基础办公软件的应用能力，才能在学生组织中脱颖而出，才能很好地完成学生组织的各项任务。同时，大学生个体的能力也能够得到加强和锻炼，这是一举多得的好事情。

当然，很多大学生也许会说自己没有经验，没有接触过，不懂也不会。其实这个问题不需要过于担心，任何人都不是天生就具备某些能力的。天赋只是一种潜在的能力，还需要在实践中去激发和检验。能力需要主动锻炼，需要自觉培养，需要积极作为。其实，大学的各种学生组织都会开展相应的技能培训和辅导讲座，比如 Excel 表格制作、PPT 制作、摄影及新闻稿的写作等，这些培训一方面是学生组织活动的需要，另一方面也为大学生提升技能提供了宝贵平台。大学是一个宝库，就看大学生如何去挖掘利用。大学校园里有各种主题的讲座、培训，有各种各样的活动、项目，学生感到无聊的时候，可以选择去听听感兴趣的讲座，感到迷茫的时候，可以选择去参加有意思的活动。大学校园缺的不是资源，而是对资源的合理利用；大学校园缺的不是活动，而是对活动的积极参与。可惜的是，很多大学生把时间都浪费在睡觉、游戏或其他娱乐上，都浪费在对生活无聊、迷茫的感叹中，让这些宝贵的资源从身边悄悄溜走。

未来就业的优势竞争力，现实能力锻炼的客观需要，都是大学生努力提高自身能力的重要原因。不着眼于未来，就无法理解现在的努力；不着眼于未来，就无法解决现实的迷茫。很多家长和大学生对这个问题认识得太晚，或者说在大学里根本就没有认识到。很多人在毕业的时候，感叹除了拿到一张毕业证书，什么也没有学到。很多大学生到了工作单位，后悔在大学里没有好好锻炼能力，什么都要从头学起。有的人在工作以后还要花费上千元报名各种技能培训班。因为工作需要，所以才努力提升。这是一般人的短见！可惜部分大学生就是看不到大学的各种资源和平台，看到了也不积极参加，根本就没有意识到这些资源能够为自己未来顺利走向社会打下坚实基础。

从一定程度上讲，对大学的认识很关键，如何认识大学，决定了学生的大学生活状态，也决定了他们在大学生活中的作为。家长要理解大学生活的逻辑，理解大学教育的真谛，学会如何引导学生规划大学生活目标，学会如何激发学生的进取心，这样家长和学生的沟通交流才能更加有效，家长才能对大学生的学习生活给予正确引导。

> 同样的大学生活环境，努力状态不一样。
> 同样的大学校园活动，付出汗水不一样。
> 同样的一张毕业证书，含金量却不一样。

所以，大学生要重视大学生活的内涵建设，让大学生活更加丰富多彩、有滋有味。

此外，高校越来越重视对大学生批判思维能力和学术研究能力的培养和引导。大学生在接受教育的过程中，批判思维能力一直是比较欠缺的。因为我们的教育过于注重尊师重道，过于讲究师道尊严，注重课堂教学的教师主导和教学评价的客观标准，导致培养出来的学生创新能力不足、发散思维能力不足。最主要的表现就是问题意识太淡薄，不会提问题，不敢提问题，想不到问题。在大学的课堂上，当任课教师问同学们还有什么问题时，这时候的教室常常鸦雀无声。国外教授对中国大学生的评价往往是基础知识很扎实，但是创新能力不足。创新能力不足的原因主要就是批判思维能力的欠缺。如何形成一种鼓励学生表达、鼓励学生参与、引导学生独立思考、引导学生勇于创新的教学文化值得全体教育工作者共同努力。曾经有人说，教育就是要激发学生的想象力，让学生敢于天马行空地想象，一个连想都不敢想的学生不是一个优秀的学生。尤其是在创新创意领域，很多成果起初都是不着边际的想象。当我们的学生提出奇特问题的时候，如果他们得到的反馈是否定，是嘲笑，是无奈,那么他们的想象力就被扼杀在了萌芽状态。批判思维能力是一种质疑能力,不随波逐流,敢于独立思考,提出独到见解;批判思维能力是一种表达能力,不人云亦云,勇于表达自我,尊崇自己的内心;批判思维能力是一种创新能力,不迷信权威,善于发现问题,勇于打破常规。作为家长,要鼓励学生积极思考,主动表达,引导学生增强问题意识,善于发现问题、解决问题,真正成为社会需要的优秀人才。

四是人际交往。大学阶段之前的人际交往相对比较单纯,同学们之间的主要任务是学习,没有过多的利益冲突和矛盾,所以大学阶段之前的人际交往常常成为人一生中最美好的回忆。大学阶段的人际交往相对来说比较复杂,利益冲突和矛盾比较显化,造成的后果和影响较为严重。

大学阶段的人际交往可以分为几个层面:宿舍人际交往、班级人际交往、学生组织人际交往、学院人际交往、学校人际交往。每一位大学生都会接触多个层面的人际交往,这种多层面的交往为大学生提供了多元的选择空间,大家可以从不同层面的人际交往中满足个体需求。同时,大学阶段有通过打球认识的球友,有通过选修课程认识的学友,有通过参加活动认识的朋友,大学阶段的这种人际交往体现出了纵横交错的局面。只不过大家对不同层面人际交往的认同度不一样,有的同学从宿舍人际交往中收获很大,有的同学对宿舍人际交往就不太满意,有的经常与球友保持联系,有的经常与学友保持联系,体现出了大学生人际交往的多元化、个性化和复杂化。

辅导员应鼓励大学生积极拓展人际交往范围,努力扩大自己的朋友圈。很多大学生在学期规划的目标中,也时常把认识更多朋友作为一项重要任务。因为这是一种客观需要,也是大学人际交往的内在需求。虽然大学生认识到了交往的需求,但是如何去满足这个需求,如何去扩大人际交往范围,部分同学做得还不是很到位。

在大学生的毕业总结中,经常会看到同学们对好朋友的感谢,尤其是对给自己提供过帮助、进行过指导、指明过方向的这些同学,感恩之心、感激之情溢于言表。在大学校园里,处处都是育人之地,人人都是育人主体,对个体发展产生重要影响的可能是老师、领导,也可能是学长、学姐,还可能是班级同学、宿舍舍友等。朋辈教育作为大学育人中的重要环节,越来越受到学生们的重视和欢迎。作为辅导员,在工作中要寻找典型,发掘优秀,用典型带动,用优秀鼓励,通过发挥这些优秀同学的榜样作用、示范作用、带头作用,营造出积极向上的整体氛围,形成影响后进学生的重要力量。同龄人的带动、同龄人的示范、同龄人的感染,这是教师无法代替的力量和作用。辅导员在工作中努力培育学生中的典型代表和优秀人物,充分发挥学生代表的先锋示范作用,这是影响大学生人际交往的重要因素。

有句话说,想知道一个人是什么样的人,看看他与什么样的人交往就足够了。可见人际交往对人生发展的重要影响。其实老祖宗早就提醒过,近朱者赤,近墨者黑。很多家长非常明白这个道理,这也是家长要求自己的孩子要与学习好、品行好的优秀人才多交往的原因,因为人与人之间是相互影响的,与优秀的人在一起感受到的就是满满的正能量、乐观的生活心态和积极的生活作为。

没有一个家长反对孩子积极交往,关键是要明白在大学阶段如何去引导大学生积极交往。任何交往都需要平台和载体,大学阶段人际交往的平台和载体就是校园文化活动。这也是前面我们一直强调的,辅导员鼓励大学生积极参与校园文化活动,不仅仅是要学生提高各种能力,更重要的是希望学生通过参加各类主题活动,认识更多的朋友,交往更多的同学,在参加活动过程中扩大人际交往范围。那些把认识更多朋友作为大学生活规划目标的大学生,如果生活里只有网络游戏,只有赖床睡觉,只有手机娱乐,那么他们的朋友圈永远也不会建立起来。通过参加活动认识的同学,大多数是志同道合的,这也是人际交往的重要基础。两个人认识很简单,但是能否成为知己、成为好朋友还取决于两个人的兴趣、爱好、追求,更重要的就是两个人的价值观是否一致。在教科书里,在大学的人际交往辅导讲座中,经常会讲到一些人际交往的基本原则,比如诚信原则、尊重原则、平等原则等。这些最基本的常识,其实对任何阶段的人际交往都是适用的,并不仅仅是大学阶段人际交往的要求。

在毕业之际，很多高校都会宣传"学霸宿舍""最牛宿舍"的新闻，让我们看到宿舍人际交往的重要力量。在现实生活中，大学生的宿舍氛围差距非常大，有的宿舍成员集体熬夜疯狂打游戏，有的宿舍成员互不干涉、默默无语，有的宿舍成员集体读书学习、互相鼓励，有的宿舍成员矛盾重重、互不相让，有的宿舍环境整洁、清新干净，有的宿舍味道满屋、垃圾遍地。宿舍是大学生在大学校园里身处时间最长的一个场所，大学生的宿舍人际交往是大学阶段人际交往的基础。"学霸宿舍""最牛宿舍"之所以成为新闻热点，就是因为这种宿舍太少了，太稀缺了，成为人们羡慕的对象、聚焦的亮点。这种宿舍的形成，取决于宿舍每位成员的修养和品行，取决于宿舍良好氛围的营造，取决于宿舍每位成员的追求和目标，所以往往是可遇而不可求的。

宿舍是大学生活的基本单元和公共空间，除了上课、出行、活动以外，学生其他时间段基本上都是在宿舍。宿舍人际交往的重要性可见一斑。大学生来自五湖四海、全国各地，在语言交流、生活作息、风俗习惯等方面存在差异，导致在宿舍人际交往中容易出现矛盾。比如说宿舍的作息时间，有的人喜欢熬夜，主张晚熄灯，但有的人喜欢早休息，主张早熄灯，有的人喜欢开灯睡觉，有的人对灯光比较敏感，就是类似的这些小问题，成为影响宿舍人际关系的重要因素。据统计，宿舍矛盾是大学生活中最突出的矛盾，相当一部分同学都和宿舍成员发生过或多或少、或大或小的矛盾。

宿舍矛盾不可避免，关键是如何解决。大学生解决宿舍矛盾的常用办法就是调换宿舍。这种办法不是不可以，但是通过调换宿舍解决矛盾，是一种逃避行为，只有真正寻找到矛盾的根源才能解决矛盾。在现实生活中，有的同学甚至严重到每学期调换一次宿舍，每到一个新宿舍，都会与舍友发生矛盾，然后提出申请，调换宿舍，到了新宿舍以后同样发生矛盾，再次提出申请。虽然这种极端的个案比较少，但是辅导员在解决大学生宿舍矛盾中发挥的作用比较小，也很难公正地解决宿舍矛盾。正所谓，清官难断家务事，很多宿舍矛盾都是小事、琐事、杂事、不起眼的事，这些矛盾日积月累成为宿舍成员之间的隔阂、误解和猜忌，辅导员难以在短时间之内真正解决。通过调换宿舍解决矛盾,是无奈的选择。

面对学生提出的宿舍调换申请,辅导员一般的工作流程是先大体掌握学生宿舍的基本情况,再根据宿舍矛盾的具体原因,与宿舍成员进行谈话,了解宿舍的真实情况后,寻找解决矛盾的办法。从工作流程的角度讲,辅导员的做法没有问题。面对学生调换宿舍的申请,辅导员不可能随便同意。但是,辅导员试图通过一两次谈话化解宿舍矛盾是不现实的,因为宿舍矛盾的产生可能不是短时间的问题。如果一两次谈话就可以解决这些矛盾,可能学生也就不会提出宿舍调换申请了。现实中,一个学生向辅导员提出宿舍调换的申请,也是经过了思想斗争和全面考虑的。或者说同学们提出宿舍调换的要求,是经过深思熟虑的,调换的请求也是坚决的。曾经有一个高校的大学生,向辅导员提出宿舍调整的想法,辅导员按照常规工作流程希望该同学与宿舍成员相互包容、相互理解,学会忍耐和让步,这种人际交往的引导没有问题。但是当晚,该生在回到宿舍后,就对宿舍其他成员进行了恶意伤害。这位辅导员肯定没有想到会发生如此严重的突发情况,可能会对自己白天所讲的那些道理感到怀疑。虽然这种极端的案例很少,但是由此引发的思考是辅导员必须要高度重视的。如何解决宿舍矛盾,看似是小问题,其实问题一点都不小。

现在高校的宿舍条件和环境越来越好,很多高校的招生宣传都把宿舍条件作为亮点。在经济较发达的地区,独立卫生间、公共厨房、洗衣房、健身房、咖啡吧、自习室、空调等已经成为大学宿舍的标配,宿舍已经不只是满足学生单一的住宿功能,而是按照生活社区的功能设置,被打造成为集学习、生活、娱乐、交流于一体的综合化社区场所。然而,宿舍条件的改善并没有减少宿舍矛盾的产生,二者其实也没有必然的联系。宿舍条件改善也许提高了学生个体的满意度,但只要宿舍不是一个人的独立空间,那么宿舍作为公共空间仍然是矛盾的高发地。

解决宿舍矛盾要立足宿舍的公共属性,宿舍成员之间要相互尊重和充分沟通,比如解决由于生活作息习惯导致的宿舍矛盾,如果喜欢熬夜的人关掉大灯,打开床灯,戴上耳机,尽量不影响正常休息的舍友,那么他的熬夜也不会是别人的烦恼。就怕有些人自己熬夜的时候,不能换位思考,不会体贴他人,影响舍友的正常休息。如果喜欢早起的人轻拿轻放,动作慢,幅度小,尽量不影响其他在睡梦中的同学,那么他的早起只会是自己的好习惯,不会被其他人怨恨。同时,针对生活作息的差异,可以制定宿舍公约,规定熄灯时间,明确惩罚办法,用制度的形式保障每位同学的权益。有了制度规定,所有人都要自觉遵守,不遵守就要接受惩罚。每个人的自律性很重要,宿舍的所有成员要共同努力养成积极向上的宿舍文化,以宿舍文化的软实力打造温馨和谐的宿舍之家。所以说,生活作息只是差异,不是矛盾根源。

部分宿舍矛盾是由成员的性格脾气造成的。有的人性格外向,大大咧咧,说话直白,属于"免疫"体质;有的人性格内向,心思缜密,不善言语,说话含蓄,把小事当成大事,属于"敏感"体质。这两种有着性格差异的人生活在同一个空间,对于宿舍产生的各种交集问题各自会有不同的看法,这些不同看法日积月累之后就会成为冲突的导火索。当然,宿舍矛盾的根源不是性格脾气的差异,而是对待这种差异的不同做法。有些行为和性格无关,和修养有关;有些行为和性格无关,和素质有关;有些行为和性格无关,和品行有关。比如,有些大大咧咧的同学在宿舍经常不打热水,每次都理所当然地借用其他同学的热水,宿舍成员表达不满后,他们还抱怨其他同学小气。辅导员经常说要学会包容,学会换位思考,学会尊重,学会理解。人与人不一样,没有人一定要按照其他人的想法和要求办事,没有人一定要顺从其他人。我们要做的就是包容他人而不是纵容任性,学会换位思考而不是无原则妥协,学会尊重而不是无底线退让,学会理解而不是无条件支持。

不管是性格脾气还是生活习惯、爱好追求等因素造成的宿舍矛盾,其实都是矛盾的外在表现或导火索,归根结底还是当事人不会处理人际关系。只不过在宿舍这个限定的公共空间内,很多生活交集、作息交集和习惯交集容易把这种冲突放大,造成宿舍矛盾的进一步恶化。

辅导员的家校观

学会人际交往，是大学的一门学问。

学会人际交往，是大学的一种艺术。

学会人际交往，是大学的一笔财富。

学会人际交往，是大学的一种幸福。

（三）技术赋能家校协同育人

如何构建辅导员与家长之间有效的合作机制？这种合作机制是辅导员群体与家长群体之间进行的信息沟通、互动交流和协同指导，而不是辅导员与单个家长之间进行的讨论交流，其要解决的是高校与家庭在协同育人中存在的问题和障碍。

诚然，探索高校与家庭的协同育人并不是辅导员个体能够解决的问题。但是辅导员处于家校合作的第一线，只要是涉及与家长共同交流的事务，基本都由辅导员完成。对于家校合作的重要性，辅导员有切身体会，对于家校合作的困难性，辅导员有直观感受。在遇到学生心理危机事件的时候，辅导员必须告知家长，取得家长的信任并请其到校配合相关工作，这是处理学生心理危机必经的流程，没有家长的配合和支持，学生心理问题很难圆满解决。在现实中，也有辅导员遇到过这种尴尬。当学生出现心理危机，辅导员和家长联系的时候，家长竟然以为这是诈骗电话。再三和家长确认身份后，有些家长会说自己的孩子上大学之前都是正常的，为什么一到大学就出现心理危机，大学老师是怎么教育的？类似的家长虽然数量不多，但确实存在。当然，更多的情况是，学生的心理危机早在高中时期就有了，家长对此也心知肚明。但是有哪位家长会主动告知辅导员，承认自己家的孩子有心理危机？也正是这种隐瞒，使得辅导员在发现学生心理危机后再进行心理干预稍显滞后。平常互不联系，联系的时候就是非常态了，这是辅导员和家长沟通交流的尴尬之处。

互联网时代为家校沟通提供了技术支撑，哪怕天南海北，都可以借助新媒体技术扫除沟通的障碍，实现信息的及时传递和有效互动。数字赋能学生工作，不仅仅体现在学生事务管理中，也可以在家校合作中发挥重要作用。其实，在中小学的教育平台中，通过家长端口，家长可以了解学生的作业情况、日常表现等。举个例子，部分家长很关心学生的学习成绩，在和学生交流的时候，如果孩子考得不好，通常会以成绩还没出来等各种理由搪塞家长。现在很少会有高校给家长寄送成绩单，或者类似中学请家长在成绩单上签字确认的做法，好像到了大学就没有人关心成绩了。事实上，家长也想知道学生的成绩，苦于学生不说，又没有其他了解途径。这也是部分挂科的同学可以轻松逃避家长追问的原因。实际上，学生可以通过成绩查询系统或者相关手机应用软件查询成绩，非常便利。如果在成绩查询系统或者手机应用软件中设置家长端口，那么家长就很容易了解学生成绩，同时也会增进家长对学生学习情况的关心。对于部分因为挂科导致学年延长的学生家长来讲，如果平时能够及时跟踪学生的学习进度，不至于在延长学年告知单上签字的时候感到惊讶、悲痛。在现实中，有的同学因为在上课时会将手机关机或者静音，导致家长联系不到学生，焦急和辅导员沟通确认学生状况。解决类似问题也可以依靠信息化方式解决，参照设置家长查询成绩端口的做法，为家长设置查询学生课表等端口，当家长了解到学生在上课或者考试的时候，就不会因为暂时联系不上而惊慌失措。在充分利用信息化技术优化学生事务管理的同时，可以考虑家校合作的现实需求，结合家长的具体要求，提升家校沟通的信息化水平。

对家长而言，他们关心孩子自身的学习、生活情况，也关心孩子所在学院的校园文化、学生活动等，会在朋友圈分享学院或学校的重要活动。从家校沟通合作的角度讲，探索推进家校合作可以从点面结合、线上线下着手。为满足家长对学院或学校发展信息的了解，辅导员可以通过微信公众号定期介绍学院的发展情况，主动发布学生参与的各类活动、取得的各项成绩等，让家长及时关注了解学院动态。当然，类似的新闻发布要尽量避免机械化报道，尤其是学生参与的各类活动，要多发布活动图片满足家长的需求。这样，家长和学生沟通的时候，很容易就会聊到学院近期开展的各种活动，共同话题能够促进家长和学生的沟通，拉近双方关系，辅导员的工作也能得到家长的认可和支持。

部分辅导员已经通过建立家长QQ群、成立线上家委会、召开视频家长会等，实现线上家校合作，有效解决了空间距离造成的交流困难。诚然，辅导员的家校沟通合作更要落实到具体的点上，那就是具体的每一位学生和每一个家庭，这就需要线下的点对点的沟通交流。

辽宁省高校"千名辅导员万家行"活动已经连续开展十多年，成为家校合作沟通的品牌。在寒暑假期间，学校会组织辅导员围绕经济困难学生、学业困难学生、心理困惑学生、就业困难学生等开展实地家访。辅导员开展家访，用脚步彰显思政温度，家长万分感动，学生倍感激动，辅导员深受触动，让家校之间有了更深的了解和信任。辅导员家访，深入学生家庭，走进学生生活，能够更真实、更全面地了解学生的情况，对学生的认识和理解更立体、更深刻。当然，因为学生来自天南海北，辅导员的家访要克服空间距离，花费较多的时间和精力，放弃寒暑假的休息时间完成家访工作，这对辅导员来说也是一个不小的挑战。对于存在各类困难的学生来说，辅导员家访能够深入了解学生的家庭情况、成长环境以及在家表现，与家长深入沟通学生在校期间的思想、学习、生活等情况，更细致地向家长介绍相关管理制度和资助政策，更有针对性地解决学生的实际困难，与家长共同探讨促进学生成长成才的方式方法，有效发挥家校合力育人作用。

辅导员家访工作不容易，但有意义，对促进家校合作具有重要的推动作用。同时，辅导员家访工作也要不断优化，按照分门别类的原则，对本地学生的家访要重在平时，对省外学生的家访可以集中"团访"，增强家访的针对性，提高家访的效率和质量。持续推进辅导员家访工作需要学校不断完善体制机制，落实经费等保障措施，总结有益经验，常态化推进辅导员家访工作，积极探索家校协同育人的工作模式，提高大学生思想政治工作的针对性和实效性。

高校辅导员的成长观

辅导员的网络观

（一）网络生活的真实写照

在互联网时代，网络已经深度融入我们的生活、学习和工作之中，成为日常生活不可或缺的一部分。对辅导员来说，网络既是辅导员工作的一种媒介载体，也是影响辅导员工作成效的重要因素。网络思想政治教育已经成为辅导员工作的重要组成部分，成为互联网时代辅导员工作的基本立足点和重要创新点。辅导员开展网络思想政治教育工作，必须正确认识和理解网络，把握网络的基本特征，遵循网络思想政治教育规律，增强网络育人的针对性和实效性。

网络的影响是全面的，呈现出"无人不网、无事不网、无处不网、无时不网"的基本态势。根据中国互联网络信息中心（CNNIC）发布的第52次《中国互联网络发展状况统计报告》，截至2023年6月，我国网民规模达10.79亿人，较2022年12月增长1 109万人，互联网普及率达76.4%。手机网民规模达10.76亿人，较2022年12月增长1 109万人，网民使用手机上网的比例为99.8%。可以说，人手一部手机，人人都能上网，是移动互联网时代的基本写照。

对青年群体来说，他们是网络的原住民，也是网民的主力军。网络流行语"Z世代"所反映的就是青年群体与网络的密切关系，他们的生活方式、思维方式、交往方式、工作方式、学习方式深受5G、大数据、虚拟现实、人工智能等新一代数字信息技术影响。青年学生是网民中最活跃、最突出、最有创造力的群体,他们乐于接受新事物,善于运用新技术,敢于尝试新探索,形成了个性鲜明的网络思维方式和表达方式。网络流行语是亿万网民的独特创造,不仅适用于网络空间的语言表达、情感表达方式,更影响了现实生活中的表达习惯。比如,现在我们经常使用的"给力""点赞"等,都曾经是网络流行语,被大家接受后成为现实生活中常用的表达。每年发布的网络流行语,彰显了网络语言表达的特色与个性,体现了网络用语对日常表达的影响,凸显了网络生活和现实生活的紧密关联。2023年12月,国家语言资源监测与研究中心发布"2023年度十大网络用语",依次为:爱达未来、烟火气、数智生活、村BA、特种兵式旅游、显眼包、主打一个××、多巴胺穿搭、命运的齿轮开始转动、新职人。这些网络流行语凸显了网络个性化的表达方式,深受广大青年网民的喜爱。如果不熟悉网络用语,不掌握网络语言,不会"网言网语",辅导员就很难走进青年网民群体的思想世界,很难与青年网民群体开展对话交流,很难与青年网民群体打成一片、融为一体。

网络学习、网络社交、网络消费、网络娱乐已经成为青年网民群体网络生活方式的重要内容。在网络学习方面,互联网已经成为学习的重要渠道,在线教育成为学习的常态。浏览、获取信息是互联网的基本功能之一,海量的网络信息帮助人们丰富了知识储备,拓展了知识边界,开阔了知识视野。哔哩哔哩(简称B站)是深受青年群体喜欢的网站之一。根据2023年上海网络视听内容创作者大会发布的信息,在B站上播放时长最长的视频内容是高等数学。据B站数据统计,截至2023年5月,账号"宋浩老师官方"发布的视频"高等数学同济版 全程教学视频(宋浩老师)"播放量突破1亿次,弹幕数量为218万条。另外一位在B站上备受大家关注的人物就是中国政法大学的罗翔教授。罗翔自2020年入驻B站以来,为广大网民解读刑法,为备考国家司法考试的网民答疑解惑,他结合时事热点,把晦涩难懂的法律条文讲得头头是道,把枯燥的刑法知识讲得津津有味,把法律常识讲成接地气的故事,深受广大网民和法律学习者的欢迎。"罗翔说刑法"账号获得了"2020百大UP主""2021百大UP主""2022年百大UP主"荣誉称号。2023年"罗翔说刑

高校辅导员的成长观

法"账号粉丝数高达 2500 万,总播放量高达 7.4 亿次。B 站在学生网民心目中被定义为学习应用,"B 站大学实锤""上课我不听,B 站我补课"等观点受到不少学生网民的认同和追捧。借助网络开展在线学习交流、学业辅导、复习备考等,已经成为青年学生学习的重要方式。2022 年 11 月,共青团中央维护青少年权益部、中国互联网络信息中心、中国青少年新媒体协会联合发布《2021 年全国未成年人互联网使用情况研究报告》。报告数据显示,未成年人使用互联网的目的排名第一的是网上学习,占比高达 88.9%。可见,对未成年人和青年学生来说,网络学习占比高、频率高、认同度高,是网络生活的重要内容。

在网络社交方面,青年群体是绝对的主力。QQ、微信、微博是青年群体的必备应用,是他们日常交流、信息互动、状态更新的重要载体,是他们人际交往、拓展人脉、深化友谊的重要方式。根据第 52 次《中国互联网络发展状况统计报告》,截至 2023 年 6 月,我国即时通信用户规模达 10.47 亿人,较 2022 年 12 月增长 886 万人,占网民整体的 97.1%。对青年群体来说,从人人网、QQ 空间到微博、微信朋友圈,虽然网络社交的形式不断创新,网络社交的平台不断变化,但是社交的网络化已然成为青年群体日常生活的重要组成部分。现阶段,在微信朋友圈的信息发布、浏览、点赞、评论都是青年群体日常社交生活的重要体现。当然,由于网络的虚拟性和匿名性,加之青年群体对网络信息的辨识能力不强,网络社交也存在一定的风险,影响了青年群体的日常生活,尤其是以网恋、网友互助等名义进行的各种诈骗行为屡禁不止,值得辅导员在工作中高度关注。

在网络娱乐方面,互联网已经成为青年群体娱乐生活的重要方式,成为青年群体丰富精神生活的重要手段。网络文学、网络音乐、网络游戏、网络电影等,是青年群体网络娱乐的重要体现,深受青年群体喜爱。尤其是以抖音、小红书等为代表的网络平台,既是青年群体获取信息、交流互动、拓展见识的平台,也是青年群体放松心情、愉悦内心、丰富精神世界的重要载体。根据第 52 次《中国互联网络发展状况统计报告》,截至 2023 年 6 月,网络视频用户规模为 10.44 亿人,较 2022 年 12 月增长 1380 万人，占网民整体的 96.8%。其中，短视频用户规模为 10.26 亿人，较 2022 年 12 月增长 1454 万人，占网民整体的 95.2%。《2021 年全国未成年人互联网使用情况研究报告》指出，视频平台成为未成年人获取信息的重要渠道，近半数未成年人通过短视频、视频平台获取社会重大事件信息，平台内容质量对未成年人的思想观念产生潜移默化的影响。同样，青年学生既是网络视频平台的信息浏览者，也是网络视频平台的内容创造者。作为青年学生日常消遣娱乐的平台和媒介，网络视频平台成为影响青年学生价值观塑造的重要因素。

随着移动互联网和智能设备的普及，以及网络游戏的技术升级、界面优化，网络游戏呈现出更多的社交化、情境化、故事化，其体验感越来越强，已经深度融入青年群体的日常生活。第 52 次《中国互联网络发展状况统计报告》显示，截至 2023 年 6 月，网络游戏用户规模达 5.50 亿，占网民整体的 51.0%。其中，青年学生是网络游戏用户的主要构成力量，青少年对网络游戏的使用率高于整体网民，成为网络游戏的最大群体。当然，未成年人使用网络游戏的现状也不容忽视。《2021 年全国未成年人互联网使用情况研究报告》数据显示，未成年人经常在网上玩游戏的比例为 62.3%。网络游戏作为放松解压、无聊解闷的方式，受到青年学生的追捧。当然也要注意到，部分青年学生缺少足够的自控力，沉迷于网络游戏，课堂玩游戏、熬夜打游戏的学生不在少数，这些学生沉迷于游戏世界无法自拔、无心学习，以至于影响心理健康、人际交往和专业学习。《中国青少年网络游戏行为与保护研究报告（2017）》指出，37.1% 的青少年表示网络游戏使自己减少了社交与沟通，27.0% 的青少年表示网络游戏会降低自己对其他事物的兴趣。据不完全统计，在高校被取消学籍的学生中，90% 是因为打游戏耽误了学业，影响了毕业，令人感到非常可惜。

随着移动互联网的普及和无线 Wi-Fi 的覆盖，上网的便利程度大大提高，只要有一部手机或者其他便携式设备，通过手机网络或者无线局域网就可以连接网络，从而享受"无处不网"的网络生活。网络成为人们生活的一部分，不管是在线办公还是在线学习，不论是在线消费还是在线娱乐,不论是网络信息搜索还是地图导航,人们的生活越来越依赖互联网,触网频率越来越高,互联网也占据了人们越来越多的生活时间,"无时不网"是人们日常生活的真实写照。根据第52次《中国互联网络发展状况统计报告》,截至2023年6月,我国网民的人均每周上网时长为29.1个小时,较2022年12月提升2.4个小时。网民平均每天上网时长为4个多小时,在现实生活中青年学生网民使用互联网的时长可能还要更多一点。

正是基于对"无人不网、无事不网、无处不网、无时不网"的互联网认识,网络已经不再是一种单纯的技术工具,网络本身就是生活的一部分。对辅导员来说,学生永远是学生工作的对象,学生在哪里,辅导员的工作就在哪里;学生喜欢什么,辅导员的工作就要关注什么。所以,辅导员关注网络空间是因为学生使用网络空间,关照网络生活是因为学生享有网络生活,关心网络问题是因为学生存在网络问题,开展网络思想政治教育是互联网时代辅导员工作的必然要求。

(二)网络思政工作的着力点

辅导员如何具体开展网络思想政治教育工作?

网络思想政治教育工作具体包括哪些方面?

按照《能力标准》规定,初级阶段、中级阶段、高级阶段的辅导员工作内容都包含网络思想政治教育。

对初级阶段辅导员来说,网络思想政治教育工作的内容有三个方面。第一是建设网络阵地。这是辅导员开展网络思想政治教育工作的抓手,没有网络阵地,思想引导和价值引领就无法落实,团结凝聚学生的功能也无法发挥,思想政治教育的号召力和影响力就会弱化。具体要求就是:构建网络思想政治教育重要阵地,有效传播先进文化、弘扬主旋律。第二是提供网络服务。网络是辅导员和学生交流互动的平台,既提高了辅导员工作的效率,也使学生与辅导员的沟通更加快速便捷,师生关系更加密切。更为重要的是,辅导员要利用网络平台为学生提供学习辅导、

辅导员的网络观

生活引导、生涯规划、就业指导、心理疏导等,既是把服务学生发展的各项工作延伸到互联网空间,也是增强网络思想政治教育工作凝聚力的重要体现。具体要求就是:拓展工作途径,加强与学生的网上互动交流,运用网络平台为学生提供学习、生活、就业心理咨询等服务。第三是关注网络舆情。互联网已经成为学生提出意见、表达想法、反映诉求的重要载体,网络空间集聚着学生的各种看法、意见和观点。当学生在学习、生活等方面遇到各种问题时,往往习惯求助于网络,在网上表达不满、发泄情绪,认为这是理所当然的事情。当学生在网络空间集中反映某一问题的时候,夹杂着各种不满、吐槽、抱怨和质疑,很容易放大问题,造成网络舆情事件。辅导员只有与学生同在一样的网络频道,才能及时掌握网络动态,回应网络诉求,疏导网络情绪,引导网络舆论。具体要求就是,及时了解网络舆情信息,密切关注学生的网络动态,敏锐把握一些苗头性、倾向性、群体性问题。

要完成初级阶段网络思想政治教育工作的具体内容,辅导员必须及时把握学生对信息技术的应用趋势,熟练使用微博及微信等新媒体,熟悉网络语言特点和规律,能够运用"网言网语"与学生开展交流对话,及时研判网络舆情。简单来说,辅导员要在互联网时代紧跟学生的节奏,掌握新媒体信息技术,主动占领网络空间,把握网络空间交流互动的特点,在网络空间开展有效的思想政治教育工作。

对中级阶段辅导员来说,网络思想政治教育工作的内容有三个方面:第一是整合资源。网络生活是青年学生校园生活不可或缺的一部分,但是网络生活并不是青年学生唯一的生活方式,网络空间也不是青年学生唯一的活动空间,网络媒体也不是青年学生唯一的利用媒体,网络生活和校园生活、网络空间和现实空间是紧密结合的。面对面的学习交流、班团建设、社团活动、体育运动、人际交往等依然是青年学生校园生活的主要内容和成长进步的主要方式,网络生活不可能完全代替日常生活,所以网络思想政治教育不是代替日常思想政治教育,而是要和日常思想政治教育有机结合。不能因为重视网络思想政治教育,就忽视传统媒体和网下生活,相反,网络思想政治教育只有和日常思想政治教育相结合,才能发挥真正的育人价值。具体要求就是，综合利用传统媒体和网络媒体，统筹协调网上工作和网下工作。第二是培塑自我。每个人都是互联网空间的独立个体，每个人都是网络生活的行为主体，每个人都要为网络空间的言行举止负责。对青年学生来说，既可以在网络学习平台自主学习，也可能会沉迷网络游戏无法自拔；既可以在网络平台交流互动，也可能会遭遇网络诈骗落入网络陷阱。所以，青年学生既要对自己的网络行为负责，又要主动加强网络防范；既要畅享网络生活的自由自在，又要加强网络生活的自控力。简单来说，我们要做网络生活的"主人"，掌控网络生活的主导权，而不是被网络控制，成为网络生活的"仆人"。具体要求就是，引导学生在网络上自我教育、自我管理和自我服务，教育学生在网络上自我约束、自我保护。第三是舆论引导。网络是便捷有效的信息媒介，借助网络平台，辅导员能够第一时间传达讯息、解答疑惑、澄清问题，第一时间引导网络舆论走向。网络信息传递的快速性和意见表达的自主性，使得网络空间夹杂着各种声音，很容易造成信息的失真和事态的扩大，这就决定了辅导员必须把握主动性，及时关注学生动态，以真实权威的信息引导网络舆论。第一时间发现问题，才能第一时间掌握主动权；第一时间传递真实信息，才能第一时间引导舆论。辅导员开展网络思想政治教育工作，必须保持对网络问题的敏感性，随时关注各类网络应用平台上学生反映的问题，提高对网络舆情的预判性。具体要求就是，围绕学生关注的重点、热点和难点问题，进行有效舆论引导；丰富网上宣传内容，把握网络舆论的话语权和主导权。

要完成中级阶段网络思想政治教育工作的具体内容，辅导员必须在熟悉"网言网语"的基础上，遵循网络传播规律，把握网络传播特点，整合网络资源，增强网络作品创作能力，提高网络教育引导能力，规范学生的网络行为，提高学生的网络素养，有效解决各类网络舆情事件。

对高级阶段辅导员来说，其工作定位是在做好网络阵地建设和网络教育引导的基础上，成为网络思想政治教育的理论研究专家和实践指导专家。既能在具有影响力的学术期刊上发表有关网络思想政治教育的学术论文，又能够熟练运用理论指导初级和中级阶段辅导员开展网络思想

政治教育工作，培养网络思想政治教育工作队伍，增强网络思想政治教育工作合力，打造网络思想政治教育工作品牌。

概括而言，辅导员开展网络思想政治教育工作要从三个方面着手。一是做好网络问题回应。学生喜欢到网络平台反映问题、表达想法、提出诉求，这是青年学生习以为常的表达方式。辅导员应该关注并利用网络平台，了解学生关心的问题，掌握学生的主要诉求，及时回应网络问题，表明态度、说明理由、阐明道理并积极进行线下的对接，避免因为回应不及时、不准确造成事态扩大。二是做好网络教育引导。做好网络问题回应是网络思想政治工作的基础，辅导员要掌握网络思想政治教育工作的主导权，加强网络阵地建设，增强网络内容的针对性，结合重要的时间节点、重大纪念日和重点工作，主动设置网络话题，主动发布网络信息，创作网络文化作品，通过文章、视频、漫画、长图等形式，营造网络教育氛围，丰富网络教育内容，引导青年学生树立正确的价值观。三是做好网络文化培育。积极健康、向上向善的网络文化是开展网络思想政治教育工作的重要保障，有利于提高青年学生的网络文化素养，优化网络环境，净化网络生态，发挥网络文化的育人价值。网络文化具有鲜明的创新性、批判性，突出的平等性、开放性，显著的包容性、多元性，要融合校园文化、红色文化、中华优秀传统文化强化网络内容建设，用社会主义核心价值观和人类优秀文明成果滋养人心、滋养社会，弘扬正能量、唱响主旋律，营造风清气正的网络空间。

辅导员开展网络思想政治教育工作，其出发点和落脚点都是立德树人，做好网络育人的大文章。从根本上说，思想政治教育工作是做人的工作，网络思想政治教育工作也是如此。围绕学生、服务学生、影响学生、教育学生、引导学生、凝聚学生、成就学生是网络思想政治教育工作的最终目的和价值所在。网络思想政治教育是在限定于互联网空间、依托网络载体开展的思想政治教育活动，是思想政治教育工作在网络空间的教育形态，是网络空间和思想政治教育工作的有机融合，而非简单的相加。网络思想政治教育的本质依然是思想政治教育，遵循思想政治教育的规律，体现思想政治教育的特点，具有鲜明的意识形态属性。作为一种媒介，网络本身具有的工具属性和技术属性强化了网络媒介的教育功能和导向功能，使得网络对人的思想观念和价值信念具有重要的影响。所以，网络和思想政治教育是相互赋能、相互强化、相互成就的共生体，二者融为一体，是信息化时代思想政治教育的网络空间形态。

从一定意义上说，网络思想政治教育工作也是网络育人工作，二者都是立德树人的重要体现。网络思想政治教育和网络育人的落脚点都是用党的创新理论成果教育人、影响人、凝聚人，弘扬和践行社会主义核心价值观，传播社会正能量、弘扬社会主旋律，引导广大网民尤其是青年学生网民规划人生发展，坚定理想信念，树牢爱国情怀，努力成长为担当民族复兴大任的时代新人。根据《高校思想政治工作质量提升工程实施纲要》规定，网络育人的具体目标是引导师生强化网络意识，树立网络思维，提升网络文明素养，净化网络空间，守护网络精神家园。网络育人的方式是推动思想政治工作传统优势同信息技术高度融合，使信息技术赋能思想政治工作，建强网络队伍，拓展网络平台，增强思想政治工作的时效性和精准性，加强校园网络文化建设与管理，创作网络文化产品，丰富网络内容，构建网络育人的共同体。

着眼于网络育人，网络思想政治教育工作要在阵地建设上下足功夫。依托主题网站、官方微信号、微博、官方抖音号、视频号、易班等网络应用平台，链接中国大学生在线、高校思政网等优质高端平台，建设网络媒体矩阵，拓展网络平台，强化网络平台互动，整合网络平台资源，打造全方位、全时态的信息发布、工作交流和数据分析平台。有阵地才能发挥引领功能，把学生团结凝聚在阵地周围；有内容才能彰显阵地价值，通过创作高质量的网络文化作品，推进网络阵地的内涵式建设。在网络阵地建设中，要结合实际设置校园网络名站名栏，针对学生关注的校园生活和社会发展的重点、热点、难点、焦点问题，坚持问题导向、主题导向、价值导向，开展针对性的主题创作，通过富有内涵、观点鲜明、积极进取、健康向善、格调高雅的网络文化作品，强化阵地的吸引力和影响力，发挥阵地的教育引导作用。通过强化数字赋能，拓展网络平台的综合服务功能，有效连接网络平台与校园生活，把网络平台深度嵌入校园生活,整合食堂消费、图书借阅、宿舍维修、意见反馈、教务选课、成绩查询、学术报告等端口资源,提高校园生活的网络便利性,增强网络平台的用户黏性,在优化网络平台功能性的基础上发挥思想引导和价值引领作用。

着眼于网络育人,网络思想政治教育工作要在网络素养上下足功夫。网络作为人们的社会交往空间,受到网民道德修养和基本素质的影响。网民的网络素养高,网络交往的空间就会井然有序、和谐顺畅;网民的网络素养不高,网络交往的空间就会杂乱无序、乱象丛生。网络素养是信息化时代适应网络数字化生存的基本能力和素质要求。

从技术维度看,网络素养指的是网民的网络技术使用应用能力,是指网民掌握网络数字技能、运用网络平台的能力。伴随数字化应用场景的不断丰富,出行打网约车、吃饭点外卖、线上商城购物、在线水电燃气费支付、场所挂号预约、线上业务自助办理、线上观影娱乐等已经成为人们的日常生活方式,推动网民不断学习并提高数字技能水平。

根据中国互联网络信息中心发布的调查报告,网民的数字技能水平分为初级和中级两个水平段,初级数字技能较为简单,中级数字技能相对复杂。初级数字技能是指能够使用数字化工具获取、存储、传输数字化资源的技能。比如能够完成复制、粘贴电脑或手机里的信息,转发网页、收藏链接等简单的信息操作;用电脑或手机搜索、下载、安装软件,能够熟练掌握各类手机应用软件,并进行基本的信息设置、文字设置、安全设置等;用电脑与手机等其他设备进行文件传输,在电脑上连接和安装外接设备。中级数字技能是指能够使用数字化工具制作、加工、处理数字化资源的技能,具体包括使用文本编辑工具,使用表格或数据工具,使用图片或视频编辑工具,比如基本的办公软件、画图软件、统计软件、视频制作软件等。根据第52次《中国互联网络发展状况统计报告》,截至2023年6月,学生网民中至少掌握一种初级数字技能的比例达98.5%,至少掌握一种中级数字技能的比例达81.0%,较2022年12月分别提升0.6和4.5个百分点。可见,在技术维度层面,学生网民的网络素养水平还是相对较高的,这和学生网民的认知能力、思维方式、知识水平密不可分。

从道德维度看，网络素养指的是网民在使用数字技能过程中体现出的道德水准和价值准则，是对网络伦理规范的基本遵循和对网络道德的自觉践行。网络虽然具有匿名性和虚拟性，但网络空间的本质仍然是公共空间，人们在互联网空间的交往交流，依然受道德的约束和伦理的规范。比如，诚信原则作为道德的基本体现，不仅是现实生活的交往准则，也是网络空间的底线要求。在网络空间，网民身份可以匿名，但是网民不能发布虚假信息，不能随意揣测，不能无中生有，更不能做出散布网络谣言、恶意网络诽谤、网络语言攻击等行为。作为网民个体，要遵守网络道德准则和网络伦理规范，提高网络素养，杜绝网络戾气，反对网络暴力，倡导网络正气，塑造网络新风，自觉践行社会主义核心价值观，共同营造充满人情温暖和道德关怀的网络生态。

我们之所以要大力提高网民的网络素养，是因为互联网空间的各种乱象和杂音，造成网络空间乌烟瘴气，对网民的思想观念和价值观塑造产生了严重影响。在中央网信办持续开展的"清朗"系列专项行动中，网络乱象包括以下方面。

一是网络虚假信息问题。部分网民尤其是短视频平台的各类主播，为博取眼球，吸引流量，提高曝光度，故意摆拍制作虚假短视频，捏造夸大社会负面新闻，罔顾社会事实，对官方发布的权威真实信息进行篡改或断章取义，混淆社会是非。有的编造帮扶社会弱势群体故事情节，故意刻画弱势群体生活惨状，消费公众同情心。有的在突发事件现场摆拍，提高网络关注度，借机炒作并发布虚假不实信息，制造网络谣言蛊惑人心，故意制造社会恐慌情绪。有的利用生成式人工智能技术，随意编造、拼接内容，违法使用他人肖像和声音进行人脸替换或声音合成，生成虚假视频。2023年12月，中央网信办公开曝光了第三批涉突发案事件、公共政策、社会民生领域网络谣言典型案例，通报指出一些网络账号虚构突发案事件、臆测编造公共政策、借社会热点造谣炒作等现象较为突出，比如"上海外卖小哥为28万彩礼加班活活累死"谣言、"杭州宣布禁止直播带货"谣言等，扰乱社会秩序，造成恶劣影响。通报指出，将持续加大网络谣言监测打击力度,从严查处曝光造谣传谣典型案例,发挥警示震慑作用。同时也提醒广大网民,面对纷繁多样的网上信息,务必提高警惕,增强辨别能力和防范意识,积极参与监督举报,共同营造清朗网络空间。

二是网络戾气暴力问题。网络戾气是一种极端表达和语言暴力,通过简单粗暴、低俗浮夸的非理性、非常态表达,进行情绪宣泄、语言输出,制造对立。比如"网络厕所""开盒挂人"等行为,针对特定群体或个人,通过创建专门的机器人账号(BOT账号)、贴吧、话题、群组等,以匿名投稿、隔空喊话等方式,恶意"开盒挂人",嘲讽讥笑、恶意评价、诅咒谩骂、暴力输出,对当事人的日常生活造成严重影响。有的公开他人姓名、身份证号、手机号码、家庭住址、工作单位、个人照片、社交账号等个人隐私信息,在歪曲、捏造事实的情况下,煽动网民攻击谩骂、侮辱诽谤。

此外,网络戾气还包括借社会热点事件恶意诋毁、造谣攻击的行为,有组织地恶意辱骂、举报他人的行为。这些网络施暴者对突发案事件相关当事人进行造谣污蔑、诋毁重伤,或者任意剪辑加工、拼接与事实严重不符的图片、视频,颠倒黑白、编造假象,故意诱导网民对当事人进行攻击质疑。粉发女孩郑灵华遭网暴自杀身亡,德阳女医生在酒店泳池与一名男孩发生纠纷后遭对方家人"人肉搜索",武汉被撞小学生母亲遭网暴跳楼身亡,这些极端的网暴案例,凸显了网络戾气的严重危害性。网络施暴者占据所谓的道德制高点,不去关心事件本身的是非曲直,不去关心当事人的痛苦和困难,不去关注权威的官方信息,不去关注事情的前因后果,而是肆意评判、妄加揣测、污言秽语、无端指责,罔顾事实进行非理性攻击。有的以"帮忙做事""解忧解气"等名义,提供有偿代骂服务,对特定账号进行留言辱骂、私信攻击和人身诽谤。有的利用"饭圈"文化,组织粉丝群体使用平台"举报""反黑"等功能,恶意举报他人,恶意炒作言论,诱导粉丝互相谩骂、刷量控评,造成网络空间的情绪对立和生态恶化。

三是网络错误价值观问题。青年网民正处于人生的成长发展阶段,其世界观、人生观、价值观还没有完全定型,加之青年网民的信息辨别能力还不强,极易受到网络空间错误言论的影响和误导。《2021年全国未成年人互联网使用情况研究报告》指出,未成年人信息鉴别能力有限,近四成的未成年网民在上网过程中遭遇过不良或消极负面信息,其中占比最高的是炫耀个人财富或家庭背景,宣扬不劳而获等消极负面的内容,对未成年人世界观、人生观、价值观的影响不可小觑。比如部分短视频账号传播错误成长价值导向,故意散布错误事业观,鼓吹不择手段和消极厌世,鼓吹赢者通吃和胜者为王,宣扬靠颜值取胜、靠关系人情、靠背景后台的职业经验,传播炫富拜金、奢靡享乐等错误价值观,对青少年的艰苦奋斗教育、职业规划教育产生了严重影响。有的传播暴力导向,如网上"斗狠"等低俗不良直播行为,以暴力惩罚、逞勇斗狠、搞笑挑战、谩骂吐脏等涨粉引流、取悦粉丝;有的在他人直播过程中,利用弹幕、连麦等功能进行造谣攻击、恶搞诋毁,甚至怂恿鼓动自杀自残等极端行为;有的利用社会热点事件当事人形象,制作并发布表情包,使用人工智能软件合成低俗色情、血腥恐怖的虚假图片或视频;有的将个别恶性社会事件、负面人物与性别、职业、地域等特征过度关联和过度解读,夸大事实、捏造是非,对特定群体污名化、标签化,散布错误婚恋观,故意制造性别对立,散布错误地域观,故意制造地域歧视,散布错误致富观,故意制造阶层对立,进行泛化攻击,吸引网民围观,挑战公众认知底线,激化社会矛盾,扰乱社会秩序。以上网络空间的错误价值导向,内容明显违背公序良俗,违背社会常识,违背道德底线,影响了正处于成长阶段青少年网民的身心健康,影响了青少年网民树立正确的价值观。《2021年全国未成年人互联网使用情况研究报告》指出,网络游戏中不良信息容易对青少年造成负面影响,主要危及青少年身心健康。《中国青少年网络游戏行为与保护研究报告(2017)》指出,网络游戏对青少年身体与心理健康影响较大,30.6%的青少年表示网络游戏中的不良信息对身体健康影响较大,28.1%的青少年表示网络游戏中的不良信息对心理健康影响较大。

根据网络主体在网络空间的言论和活动,网络素养的具体内容可以划分为网络信息素养、网络安全素养、网络法治素养等。

网络信息素养既包括技能维度的信息获取、信息识别能力,也包括道德维度的信息评价、信息传播行为。坚守网络道德底线,坚决抵制散布网络谣言,是网络信息素养教育的重要内容。

网络安全素养既包括技能维度的安全预防、危险识别能力,也包括道德维度的安全责任、安全意识。网民要提高网络安全防范意识,提高网络风险防控意识,对陌生邮件、陌生链接、陌生信息提高警惕,规避木马病毒、"钓鱼邮件"等网络风险,防范智能手表、智能台灯、智能音箱等新型上网设备存在的信息安全风险等。网络主体要时刻注意保护个人隐私信息,尤其是不能随便泄露个人身份信息和账号密码,对各类网络诈骗、网络传销等行为,要有效预防、精准识别。实际上,在网络空间中技术风险和安全隐患无处不在,新的风险隐患和安全漏洞层出不穷,网络诈骗、个人信息泄露等网络安全陷阱防不胜防。《中国青少年网络游戏行为与保护研究报告(2017)》指出,在网络游戏权益保护方面,多数青少年曾经遭遇过财产、隐私等某种权益方面的损失。调研数据显示,约七成青少年玩网络游戏时曾遭遇过权益侵害,其中1/4的青少年曾经损失游戏币,超过1/5的青少年损失过金钱,23.7%的青少年遭遇过个人信息泄露。当然,我们还要重视网络意识形态安全,防范意识形态风险,提高政治站位,坚定"四个自信",坚定对中国共产党和中国特色社会主义的政治认同、思想认同、理论认同、情感认同。我们要自觉抵制西方错误社会思潮,尤其是要认清历史虚无主义的真实面目,揭穿历史虚无主义对党和国家历史的歪曲篡改、对革命英雄的抹黑丑化,坚定对马克思主义的信仰、对中国特色社会主义的信念和对实现中华民族伟大复兴中国梦的信心。

就网络法治素养而言,广大网民要树立网络法治理念,培塑网络法治思维,牢记网络不是法外之地,对自己在网络空间的言行负责,在网络空间遵守网络法治规章制度,共同促进网络的健康发展。为构建和谐友善的网络环境,国家颁布了《中华人民共和国网络安全法》《中华人民共和国互联网信息服务管理办法》等一系列法律法规,为规范网络秩序、强化网络管理提供了法律依据。网络空间是虚拟匿名的，但网络空间的个体是权利和义务相统一的主体。在网络活动的过程中，网民要树立网络法治观念，既不做违反网络法律规章的事情，遵守网络行为规范，又要学会运用法治方式维权，养成文明的网络生活方式。网民在受到网络暴力侵犯、网络诈骗侵害、网络权益受损时，要学会运用法治思维和法治手段，学会使用法律武器维护自身合法权益，依法保障自身各项网络权益。

2023年7月，中国网络文明大会发布《新时代青少年网络文明公约》，号召青少年牢记强国使命，文明上网用网，践行网络道德，遵守网络法治，抵制"饭圈"乱象和拒绝网络暴力，共筑清朗网络环境。自觉践行青少年网络文明公约，是青少年网民网络素养的重要体现，也是加强网络素养教育的重要内容。《新时代青少年网络文明公约》全文如下：

> 强国使命心头记，时代新人笃于行。
> 向上向善共营造，上网用网要文明。
> 善恶美丑知明辨，诚信友好永传承。
> 传播中国好故事，抒写青春爱国情。
> 个人信息防泄露，谣言蜚语莫轻听。
> 适度上网防沉迷，饭圈乱象请绕行。
> 远离污秽不炫富，谨防诈骗常提醒。
> 与人为善拒网暴，守好底线不欺凌。
> 线上新知勤学习，数字素养常提升。
> 网络安全靠你我，共筑清朗好环境。

着眼于网络育人，网络思想政治教育工作要在网络活动上下足功夫。丰富多彩的校园文化活动，是大学生活的重要组成部分，是青年学生成长锻炼的重要渠道，也是思想政治教育工作的重要依托。特色、高雅、多元的校园文化活动，陪伴着学生的成长成才，是大学生活的美好回忆，增强了思想政治教育工作的亲和力，增强了学生对思想政治教育工作的认同，在春风化雨中提升了思想政治教育工作的有效性。同样，丰富多彩的网络文化活动，是网络思想政治教育工作的重要内容和主要抓手，有利于促进青年学生对网络思想政治教育工作的认同，提高青年学生参与网络思想政治教育工作的主动性和积极性。

现阶段，最受辅导员和青年学生关注的网络文化活动，就是由中央网信办网络社会工作局、教育部思想政治工作司联合举办的"全国大学生网络文化节"和"全国高校网络教育优秀作品推选展示活动"，这两项活动为青年学生和高校教师参与校园网络文化活动提供了载体，搭建了交流平台，成为具有影响力的网络文化活动品牌。在此基础上，各省、各高校都会常态化举办大学生网络文化节和网络教育优秀作品推选展示活动，丰富了网络文化内容，为青年学生提供了更多元、高质量的网络文化作品，创新了网络思想政治教育形式，满足了学生在网络空间的精神文化需求。

组织网络文化活动的目的和意义，是要以社会主义核心价值观为引领，突出爱国爱党爱社会主义主题导向，推动广大师生积极参与网络文化作品创作生产，加大优秀网络文化产品供给力度，活跃校园网络空间生态，全面提升师生网络素养，引导全国广大高校师生积极参与网络文明建设、争做校园好网民，扩大高校网络文化影响力，唱响时代主旋律，增强新时代高校思想政治工作的吸引力和实效性。

大学生网络文化节的参与者是青年大学生，旨在引导他们积极参与网络文化活动，积极创作具有原创性的网络文化作品，积极参与网络内容建设，积极发表网络意见，共同营造网络良好生态。青年学生创作网络文化作品的类别包括9类，分别是微视频、微电影、动漫、摄影、网文、公益广告、音频、校园歌曲、其他类网络创新作品。网络文化作品的丰富样态，为不同学科专业、不同兴趣爱好的同学提供了展示机会。比如，传媒、新闻等相关专业的同学，可以重点围绕动漫、音频等具有技术性要求的作品类型，发挥专业优势和技术优势，创作高质量的具有传播力的网络作品；音乐、艺术等相关专业的同学，可以重点围绕校园歌曲、微电影等体现艺术性、音乐性的作品类型，聚焦校园生活和社会热点，打造完全自主作词作曲的原创音乐作品或自编自导的微电影；文学、政治、历史等相关专业的同学，可以重点围绕网文、微视频等具有思想性的作品类型，结合青春梦想、时事评论、艺术文化、社会实践等，撰写网络文章或者拍摄网络微视频，表达鲜明观点，提出独立见解，感悟心得体会，发挥文字与微视频背后的思想力量，体现价值导向；对摄影、公益广告感兴趣的同学，可以重点围绕摄影、创意广告等具有创意性的作品类型，制作长图、H5页面等，发挥兴趣爱好和技术专长，为网络空间提供优质的文化作品。

高校网络教育优秀作品推选展示活动的参加对象是包括辅导员、思政课教师在内的高校思想政治工作者、党务工作者，从事相关领域理论研究和实践工作的专业教师。推选展示活动旨在充分发挥高校教育工作者的示范引领和模范带动作用，鼓励引导广大高校教育工作者创作反映新时代高校网络思政教育的先进经验、典型案例、优秀作品，体现对网络思想政治教育工作的认真总结和深度思考，推动思想政治工作联网上线，深化网络文明建设，进一步推进网络思想政治教育工作创新。高校教育工作者参与网络教育优秀作品推选展示活动的作品类型包括优秀网络文章、优秀工作案例、优秀微课、优秀新媒体作品等4类。

优秀网络文章要面向青年大学生，针对高校思政工作重点难点问题，针对学生的思想疑惑、观点困惑等现实问题，体现鲜明立场和正确观点，发挥思想引导和价值引领的作用，逻辑清晰到以理服人，故事生动到以情感人，语言优美到以文化人，强化育人功能，突出育人导向，直抵学生内心世界，触动学生心灵深处，对广大学生有较强的吸引力、感染力和教育意义。网络文章要有深度，把深刻的道理讲清楚，帮助学生解疑释惑；网络文章要有厚度，把深厚的历史讲清楚，引导学生树立正确的历史观；网络文章要有温度，把深情的故事讲清楚，引导学生追求真善美。

优秀工作案例的定位是网络思想政治教育工作中的好经验、好做法、好思路，具有一定的示范性、可复制性和推广性，为高校开展网络思想政治教育工作提供借鉴和参考。首先要有强烈的问题导向。案例要针对网络思想政治教育工作中遇到的热点、难点、重点、突发事件等，如何破解难题？如何解疑释惑？如何化解危机？如何宣传阐释？这些好经验、好做法、好思路值得进一步总结和提炼，形成制度化的成果，形成长效的工作机制。其次要有典型的经验和明显的育人实效。工作案例是对现有网络思想政治教育工作的总结，不是对未来的工作计划或者设想，而是实实在在的探索和富有成效的经验。针对网络阵地建设、网络平台管理、网络栏目优化等工作，围绕提升师生网络素养、开展网络文化建设、推进网络文明教育、营造清朗网络空间等方向，辅导员要在工作中注重总结提炼和深度思考，及时把探索形成的新思路、独具特色的好办法、开创性的新路径上升为具有学理性的经验，为高校创新网络思想政治教育工作提供重要参考。

优秀微课是课堂教学的一种形式：形式上要微型化，时长不超过15分钟，符合网络传播的特点；内容上要聚焦化，贴近学生思想、学习、工作和生活实际。微课的创作要按照课堂教学的设计，围绕有代表性的场景、要点或环节，重点讲清楚某一方面的问题，引导学生端正思想态度。

优秀的新媒体作品要体现高校在网络思想政治工作中的创新方式和方法，利用新媒体手段围绕主题宣传、校园活动、成果展示等创作网络文化作品，具体包括短视频、微电影、公益广告、校园MV、音频、H5页面、图解、漫画、长图及动图等，在网络上具有较大影响力，有较高的转发、评论和引用量，增强网络思想政治教育工作的亲和力和创新性。

辅导员开展网络文化活动，一方面要围绕大学生网络文化节，结合学生专业、兴趣爱好、能力特长等，围绕校园生活、社会热点、重大节庆日等，激发学生的创造性，引导学生的积极性，鼓励学生创作各类网络文化作品，扩大网络文化作品影响力；另一方面要围绕网络教育优秀作品推选展示活动，积极撰写网络文章，组织创作新媒体作品，拍摄网络微课，总结工作经验，思考工作案例，以实际行动助力网络思想政治教育工作。

高校辅导员的成长观

辅导员的幸福观

辅导员的幸福在哪里？

辅导员如何追求幸福？

任何一份职业都有其幸福感。有些幸福，源于职业的待遇；有些幸福，源于职业的环境；有些幸福，源于职业的发展空间；有些幸福，源于对职业的未来憧憬……

有人说，辅导员的幸福源于学生的成长。的确，辅导员陪伴着学生的成长，从入校到毕业，从懵懂到稳重，从稚嫩青涩到成熟老练，看到学生的进步，辅导员的成就感油然而生。在辅导员的微信朋友圈里，经常会出现学生比赛获奖时的幸福时刻、学生考研成功上岸时的幸福时刻、学生获得优秀工作机会时的幸福时刻、学生荣誉满身时的幸福时刻等，这些场景和画面辅导员一定不会陌生。每当学生和辅导员分享他们的幸福时刻，辅导员的内心也充满了幸福。

学生的成长就是辅导员的骄傲。学生成长进步的所有场景都令辅导员感动、激动，因为这些成绩都来之不易，成绩、荣誉的背后是无数的汗水和付出，所以辅导员幸福着学生的幸福。学生因为成绩和荣誉而幸福，辅导员则是因为学生幸福而幸福。

为学生的幸福而鼓掌，这是一种态度；

为学生的幸福而自豪，这是一种格局；

为学生的幸福而幸福，这是一种境界，也是一份职业的馈赠。

有人说，辅导员的幸福源于学生的认同。被学生认同，这是一种幸福。在日常工作中，辅导员和学生之间每天都会发生故事，有的令人欢

辅导员的幸福观

喜，有的令人忧愁。每当学生遇到困惑，往往都会求助于辅导员。不管是学业上的难题还是生活中的难处，不管是发展上的困惑还是就业中的困难，辅导员都会想尽办法帮助学生解决。出于对职责的敬畏，对学生的关爱，对使命的担当，辅导员也总是能想到各种金点子，帮学生出谋划策，给学生指点迷津，为学生排忧解难，为学生的成长保驾护航。

辅导员对学生的帮扶是无私的，不图学生回报，只为学生解忧；辅导员对学生的帮扶是公平一致的，服务所有的学生，不带任何条件；辅导员对学生的帮扶是严谨负责的，秉持一丝不苟的态度、负责到底的决心。当然，辅导员对学生的帮扶并非一帆风顺，也并非都能结局圆满。很多复杂棘手的学生问题，也非一日之寒，但辅导员都会尽最大程度的努力争取解决。尤其是面对有各类心理健康问题的学生，辅导员苦口婆心的谈话并不是总能如意，一次次的耳提面命并不是总能有效，但结果不如意也要继续谈，成效不明显也要继续关心。有时候，辅导员的这种执着不仅感动着学生，感动着学生家长，更感动着自己。正如一位辅导员讲的那样，不抛弃、不放弃是辅导员工作的底线，如果辅导员都放弃了，学生的问题就真的没有希望解决了。有位家长在感谢某位辅导员的信息中写道：我们家长都不抱任何希望了，辅导员老师却没有放弃，把孩子从边缘拉回来，万分感谢。

通过帮扶解决学生面临的困难，得到学生和家长的认同，这是辅导员工作的常态。一句"谢谢老师"和发自学生内心的感激，令辅导员感受到工作的意义和价值，感受到幸福的味道。帮扶学生，从而解决他们成长道路上的一个个"拦路虎"，为他们的成长导航指向，这是辅导员的幸福所在。对一个人来说，帮助别人是一种能力，也是一种情怀。对辅导员来说，帮扶学生是任务，是工作，更是使命。

辅导员的幸福源于学生，更源于自己。这就是辅导员职业成长的幸福。作为一份职业，辅导员的幸福不仅是安稳、体面，不仅是与青春为伴、与学生同行的快乐，更是在职业中收获成长、见证成长、致力于成长，愿意为这种职业成长努力奋斗。

所以，作为辅导员，你在工作中感受到自身的成长了吗？

作为一名辅导员,我们有如此多的成长平台和空间。深化对党的创新理论的理解,提高思想解惑的本领,我们感受到成长;阅读经典文献,撰写发表思想政治教育研究论文,我们感受到成长;参加辅导员素养能力比赛,我们感受到成长;参加心理健康教育辅导,提高心理咨询能力,我们感受到成长;参加职业生涯规划培训,提高就业指导能力,我们感受到成长;等等。辅导员在工作中的每一次专题培训、主题学习、业务指导和比赛锻炼等,都是职业成长的机会,也是职业成长的平台,更是职业成长的幸福。

辅导员的幸福是育人,更是育己。育己的幸福才更加持续、更加稳定、更加充实。

后 记

我在辅导员岗位上已经工作了十多年，书中的这些文字，是对过往工作的回顾、思考和反省，虽然还有很多不足，但也记录了一名基层辅导员真实的心路历程。

迎来一级又一级的新同学，送走一届又一届的毕业生，辅导员和学生的故事每天都在上演。

看到自己学生的成长和收获的快乐，我们一定会感受到辅导员工作的价值；看到自己学生的困惑和遭遇的挫折，我们也一定会感受到辅导员工作的压力。我们陪伴着学生的成长，引领着学生的思想，激励着学生的斗志，引导着学生的规划，帮扶着学生的发展，这是辅导员工作成就感和自豪感的来源。同样，倍感压力的是，我们的工作对象永远都是新生代，从"90后"到"05后"，学生们越来越有个性，我们助力学生健康成长和全面发展的挑战越来越大，压力越来越大，难度越来越大。

是学生越来越调皮了吗？是学生越来越任性了吗？

可能不全是。

我想，一个很重要的原因是学生一直在进步，我们也始终在陪伴，但辅导员不是总能跟上学生成长的脚步。

扪心自问，我们是不是有"本领恐慌"？

面对学生突发事件时的手忙脚乱；

面对学生日常矛盾时的苦口婆心；

面对学生学业困难时的力不从心；

面对学生心理问题时的焦灼不安。

简而言之，就是辅导员要在工作中成长进步，提高育人本领。

辅导员只有和学生一起成长，才能保持工作的激情；

辅导员只有和学生一起成长，才能感受工作的价值；

辅导员只有和学生一起成长，才能增强工作的动力。

辅导员的成长离不开党和国家政策的支持，离不开领导的关心指导，离不开团队的帮助，更离不开自身的反省和追求。我认为辅导员的成长要树立正确的专业观、发展观、时空观、团队观、平台观、家校观、网络观、幸福观等，在工作中牢记成长的目标，思考成长的方法，探索成长的路径，真正把辅导员工作作为神圣的事业，用真心、爱心、耐心、细心、责任心做好协同育人的大文章。

感谢我所在的苏州工业职业技术学院的大力支持，"我在乎你"的学院精神始终温暖着我们的内心；感谢集成电路与通信学院许秀芝书记、王栋院长等各位领导和老师对我工作的指导与帮助，他们为学院学生工作提供了坚强后盾；特别感谢苏州大学孔川老师对本书的贡献和支持，部分章节文字曾在公众号专题推送，大部分修订完善的内容都是孔老师的思考智慧和无私奉献；感谢苏州大学出版社王亮老师的支持，向您细致认真的敬业态度致敬！由于作者的能力有限，书中难免有不足之处，还请辅导员同仁批评指正。

辅导员的成长永远在路上！